中华人民共和国行业标准

公路桥涵养护规范

Specifications for Maintenance of Highway Bridges and Culverts

JTG 5120—2021

主编单位：中交第一公路勘察设计研究院有限公司
批准部门：中华人民共和国交通运输部
实施日期：2021 年 11 月 01 日

人民交通出版社股份有限公司
北　京

图书在版编目（CIP）数据

公路桥涵养护规范：JTG 5120—2021 / 中交第一公路勘察设计研究院有限公司主编. —北京：人民交通出版社股份有限公司，2021. 8

ISBN 978-7-114-17160-4

Ⅰ. ①公… Ⅱ. ①中… Ⅲ. ①公路桥—桥涵工程—设计规范—中国 Ⅳ. ①U448. 142. 5-65

中国版本图书馆 CIP 数据核字（2021）第 047759 号

标准类型：中华人民共和国行业标准
标准名称：公路桥涵养护规范
标准编号：JTG 5120—2021
主编单位：中交第一公路勘察设计研究院有限公司
责任编辑：丁 遥
责任校对：刘 芹
责任印制：刘高彤
出版发行：人民交通出版社股份有限公司
地　　址：（100011）北京市朝阳区安定门外外馆斜街 3 号
网　　址：http://www.ccpcl.com.cn
销售电话：（010）85285857
总 经 销：人民交通出版社股份有限公司发行部
经　　销：各地新华书店
印　　刷：北京市密东印刷有限公司
开　　本：880 × 1230　1/16
印　　张：6.75
字　　数：152 千
版　　次：2021 年 8 月　第 1 版
印　　次：2025 年 11 月　第 6 次印刷
书　　号：ISBN 978-7-114-17160-4
定　　价：60.00 元
（有印刷、装订质量问题的图书由本公司负责调换）

中华人民共和国交通运输部

公　　告

第 47 号

交通运输部关于发布《公路桥涵养护规范》的公告

现发布《公路桥涵养护规范》（JTG 5120—2021），作为公路工程行业标准，自 2021 年 11 月 1 日起施行，《公路桥涵养护规范》（JTG H11—2004）同时废止。

《公路桥涵养护规范》（JTG 5120—2021）的管理权和解释权归交通运输部，日常解释和管理工作由主编单位中交第一公路勘察设计研究院有限公司负责。

请各有关单位注意在实践中总结经验，及时将发现的问题和修改建议函告中交第一公路勘察设计研究院有限公司（地址：陕西省西安市高新区科技四路 205 号中交一公院产业园综合楼三楼，邮政编码：710075），以便修订时研用。

特此公告。

中华人民共和国交通运输部

2021 年 8 月 9 日

交通运输部办公厅　　2021 年 8 月 10 日印发

前　言

根据交通运输部《关于下达2010年度公路工程标准制修订项目计划的通知》(厅公路字〔2010〕132号),由中交第一公路勘察设计研究院有限公司承担《公路桥涵养护规范》(JTG H11—2004)(以下简称“原规范”)的修订工作。经批准后以《公路桥涵养护规范》(JTG 5120—2021)颁布实施。

在修订过程中,规范修订组总结我国近年来公路桥涵养护经验和科技成果,借鉴国内外相关标准规范的先进技术方法,按照“预防为主、防治结合”的养护理念,在桥梁检查评定、养护维修、灾害防治及技术管理等方面进行重点修订,力求使本规范技术先进、内容合理、可操作性强。

修订后的规范共有8章和8个附录,修订的主要内容有:提出了桥涵养护检查等级,用于指导桥涵养护决策;检查类别中增加了初始检查和日常巡查,并将水下检测纳入特殊检查;取消了原规范中桥梁技术状况等级评定相关内容;取消了原规范中桥梁加固的具体内容;将原规范中“通道、跨线桥与高架桥养护”重新编排,纳入本规范第4章中;增加了火灾防治和车辆、船舶、漂浮物撞击及山体落石防治方面的内容;增加了桥涵技术管理方面的内容。

请各有关单位在执行本规范过程中,将发现的问题和意见,函告本规范日常管理组,联系人:宋宁(地址:陕西省西安市高新技术产业开发区科技四路205号,中交第一公路勘察设计研究院有限公司,邮编:710075;电话:029-89589708;电子邮箱:sn0597@126.com),以便修订时研用。

主 编 单 位: 中交第一公路勘察设计研究院有限公司

参 编 单 位: 长安大学

陕西省公路局

四川省交通运输厅公路局

吉林省交通科学研究所

重庆交通大学

主　　编: 许宏元

主要参编人员: 王似舜　宋　宁　贺拴海　周可夫　向中富　侯　旭

樊　鸿　郑继光　冯云成　胡钊芳　欧阳海霞

参与审查人员： 李春风　张劲泉　杨　亮　吴华金　王劼云　舒　森
周　谦　叶见曙　李　健　张凌云　唐　军　郝　祎
魏　忠　毛志坚　陈惟珍　宿　健　王泳道　王晓晶
王　超　刘　硕

参　加　人　员： 赵　滨　王常青　孙　磊　慕玉坤　任　伟　张向波
秦建国

目　次

1　总则

1.0.1　为规范公路桥涵养护工作，统一公路桥涵养护技术标准，保持桥涵处于正常使用状态，制定本规范。

1.0.2　本规范适用于各等级公路桥涵的养护工作。有特殊养护需求的桥梁，应制定专项养护技术规程。

1.0.3　公路桥涵养护应遵循"防治结合、科学养护、安全运行、保障畅通"的原则，并应符合下列要求：

1　保障结构完好、外观整洁和附属设施齐全完好。

2　配备必要的检测和养护设备、设施。

3　积极稳妥地采用先进的检查设备、养护技术和科学的管理方法。

4　及时掌握桥涵技术状况的变化，并采取相应的养护对策。

5　有效开展预防养护，保障结构耐久性。

6　确保养护作业安全，降低对交通的影响。

7　重视资源节约和环境保护。

1.0.4　公路桥涵养护应包括下列主要内容：

1　桥涵检查、监测和评定。

2　桥涵日常养护、预防养护。

3　桥涵修复养护。

4　建立桥涵养护技术档案、桥梁管理系统和数据库并及时更新。

5　桥涵构造物安全运行管理。

6　制订桥涵构造物灾害防治与抢修的应急预案，灾害发生后，及时开展应急养护。

7　设置必要的检修设施。

1.0.5　公路桥涵养护工程按照养护目的，应分为预防养护、修复养护、专项养护和应急养护。

1.0.6　公路桥涵养护除应符合本规范的规定外，尚应符合国家和行业现行有关标准的规定。

2 术语

2.0.1 桥梁技术状况 bridge technical condition

桥梁结构各部件或构件的综合技术指标,反映桥梁结构的完好程度、安全程度及使用功能的完善程度。

2.0.2 初始检查 initial inspection

新建或改建桥梁交付使用后,对桥梁结构及其附属构件的技术状况进行的首次全面检测,其成果是后期桥梁检查和评定工作的基准。

2.0.3 日常巡查 daily inspection

对桥面及其以上部分的桥梁构件、结构异常变位和桥梁安全保护区的日常巡视和目测检查。

2.0.4 经常检查 routine inspection

抵近桥涵结构,采用目测结合辅助工具对桥面系、上部结构、下部结构和附属设施表观状况进行的周期性检查。

2.0.5 定期检查 periodic detection

对桥涵总体技术状况进行的周期性检查及技术状况评定。

2.0.6 特殊检查 special detection

对桥梁承载能力、抗灾能力、耐久性能、水中基础技术状况进行的一项或多项检查与评定,以及对定期检查中难以判明病害成因及程度的桥梁进行的检查。

2.0.7 日常养护 daily maintenance

对桥涵及其附属设施进行的维护保养和修补轻微缺损的工作。

2.0.8 预防养护 preventive maintenance

桥涵有轻微病害但整体性能良好,为延缓其性能衰减、延长使用寿命而采取的防护工程。

2.0.9 修复养护 repair maintenance

为恢复桥涵技术状况而实施的功能性、结构性修复或更换的工程措施。

2.0.10 专项养护 special maintenance

为恢复、完善或提升桥涵使用功能而集中实施的增设、加固、改造、拆除重建等工程措施。

2.0.11 应急养护 emergency maintenance

突发情况造成公路桥涵损毁、交通中断、产生安全隐患时,实施的应急抢修、保通等工程措施。

2.0.12 桥涵加固 bridge&culvert strengthening

对桥涵部件或构件采取的补强、更换或调整内力等使其满足使用要求的工程措施。

2.0.13 桥涵改建 bridge&culvert reconstruction

桥涵不能满足使用需求,为提升其技术标准、荷载等级、通行能力、抗灾能力等而实施的改造工程。

3 桥梁检查、监测与评定

3.1 一般规定

3.1.1 公路桥梁养护检查等级应分为Ⅰ、Ⅱ、Ⅲ级,分级标准应符合下列规定:

1 单孔跨径大于150m的特大桥、特别重要桥梁的养护检查等级为Ⅰ级。

2 单孔跨径小于或等于150m的特大桥、大桥,以及高速公路或一、二级公路上的中桥、小桥的养护检查等级为Ⅱ级。

3 三、四级公路上的中桥、小桥的养护检查等级为Ⅲ级。

4 技术状况评定为3类的大、中、小桥应提高一级进行检查。

5 技术状况评定为4类的桥梁在加固维修前应按Ⅰ级进行检查。

3.1.2 桥梁检查应分为初始检查、日常巡查、经常检查、定期检查和特殊检查。

3.1.3 养护检查等级为Ⅰ级的桥梁宜安装结构监测系统对结构状态和各类外荷载作用下的响应情况进行监测,定期将监测结果与桥梁检查结果进行比对和分析。

3.1.4 桥梁评定应包括技术状况评定和适应性评定。

3.2 初始检查

3.2.1 新建或改建桥梁应进行初始检查。初始检查宜与交工验收同时进行,最迟不得超过交付使用后1年。

3.2.2 初始检查应包括下列内容:

1 定期检查需测定的所有项目,并按本规范第3.5.3条的要求设置永久观测点。

2 测量桥梁长度、桥宽、净空、跨径等;测量主要承重构件尺寸,包括构件的长度与截面尺寸等;测定桥面铺装层厚度及拱上填料厚度等。

3 测定桥梁材质强度、混凝土结构的钢筋保护层厚度。

4 养护检查等级为Ⅰ级的桥梁,通过静载试验测试桥梁结构控制截面的应力、应变、挠度等静力参数,计算结构校验系数;通过动载试验测定桥梁结构的自振频率、冲击系数、振型、阻尼比等动力参数。

5　有水中基础,养护检查等级为Ⅰ、Ⅱ级的桥梁,应进行水下检测。

6　量测缆索结构的拉索索力及吊杆索力,测试索夹螺栓紧固力等。

7　检测钢管混凝土拱桥钢管内混凝土密实度。

8　当交、竣工验收资料中已经包含上述检查项目或参数的实测数据时,可直接引用。

3.2.3　初始检查后应提交技术状况评定报告。技术状况评定报告应包括下列内容:

1　桥梁基本状况卡片(附录A)、桥梁初始检查记录表(附录B)、桥梁定期检查记录表(附录C)、桥梁技术状况评定表。

2　典型缺损和病害的照片、文字说明及缺损分布图,缺损状况的描述应采用专业标准术语,说明缺损的部位、类型、性质、范围、数量和程度等。

3　三张总体照片。包括桥面正面照片一张,桥梁两侧立面照片各一张。

4　本规范第3.2.2条规定的检查内容的成果。

5　养护建议。

3.3　日常巡查

3.3.1　养护检查等级为Ⅰ、Ⅱ级的桥梁,日常巡查每天不应少于1次;对有特殊照明需求(功能性及装饰性照明、航空航道指示灯等)的桥梁,应适当开展夜间巡查。养护检查等级为Ⅲ级的桥梁,日常巡查每周不应少于1次。遇地震、地质灾害或极端气象时应增加检查频率。

3.3.2　日常巡查可以乘车目测为主,并应做巡检记录,发现明显缺损和异常情况应及时上报。

3.3.3　日常巡查应包括下列内容:

1　桥路连接处是否异常。

2　桥面铺装、伸缩缝是否有明显破损;伸缩缝位置的桥面系是否存在异常。

3　栏杆或护栏等有无明显缺损。

4　标志标牌是否完好。

5　桥梁线形是否存在明显异常。

6　桥梁是否存在异常的振动、摆动和声响。

7　桥梁安全保护区是否存在侵害桥梁安全的情况。

3.4　经常检查

3.4.1　经常检查应符合下列规定:

1　养护检查等级为Ⅰ级的桥梁,经常检查每月不应少于1次。

2 养护检查等级为Ⅱ级的桥梁,经常检查每两个月不应少于1次。

3 养护检查等级为Ⅲ级的桥梁,经常检查每季度不应少于1次。

4 在汛期、台风、冰冻等自然灾害频发期,应提高经常检查频率。

5 养护检查等级为Ⅱ、Ⅲ级的桥梁,在定期检查中发现存在4类构件时,加固处治前应提高经常检查频率。

6 对支座的经常检查每季度不应少于1次。

3.4.2 经常检查宜抵近桥梁结构,以目测结合辅助工具进行。应现场填写“桥梁经常检查记录表”(附录D)。

3.4.3 经常检查中发现桥梁重要部件缺损严重,应及时上报。

3.4.4 经常检查应包括下列内容:

1 桥梁结构有无异常的变形和振动及其他异常状况。

2 外观是否整洁,构件表面是否完好,有无损坏、开裂、剥落、起皮、锈迹等。

3 混凝土主梁裂缝是否有发展,箱梁内是否有积水。钢结构主梁抽查焊缝有无开裂,螺栓有无松动或缺失。

4 斜拉索、吊杆(索)、系杆等索结构锚固区的密封设施是否完好,有无积水或渗水痕迹,密封材料等有无老化和开裂;主缆最低点是否渗水;索鞍是否有异常的位移、卡死、辊轴歪斜以及构件锈蚀、破损;鞍座混凝土是否开裂;鞍室是否渗水、积水。

5 支座是否有明显缺陷,使用功能是否正常。

6 桥面铺装是否存在病害。

7 伸缩缝是否堵塞、卡死,连接部件有无松动、脱落、局部破损。

8 人行道、缘石有无破损、剥落、裂缝、缺损和松动。

9 栏杆、护栏有无破损、缺失、锈蚀、移动或错位。

10 排水设施有无堵塞和破损。

11 墩台有无明显的倾斜、损伤、开裂及是否受到车、船或漂流物撞击而受损;基础有无冲刷、损坏、悬空;墩台与基础是否受到生物腐蚀。

12 翼墙(侧墙、耳墙)、锥坡、护坡、调治构造物有无缺损、开裂、沉降和塌陷。

13 悬索桥锚碇是否存在渗水、积水。

14 交通信号、标志、标线、照明设施以及桥梁其他附属设施是否完好、正常工作。

15 永久观测点及标志点是否完好。

3.5 定期检查

3.5.1 养护检查等级为Ⅰ级的桥梁,定期检查周期不得超过1年;养护检查等级为Ⅱ、Ⅲ级的桥梁,定期检查周期不得超过3年。

3.5.2 定期检查应接近各部件仔细检查其缺损情况,并应符合下列规定:

1 现场校核桥梁基本数据,填写或补充完善"桥梁基本状况卡片"(附录A)。

2 现场填写"桥梁定期检查记录表"(附录C),记录各部件缺损状况并绘制主要病害分布图。

3 对桥梁永久观测点进行复核,对桥面高程及线形、变位等检测指标进行量测。

4 判断病害原因及影响范围。

5 进行技术状况评定,提出养护建议。

3.5.3 桥梁永久观测点设置及检测项目应符合下列规定:

1 单孔跨径不小于60m的桥梁,应设立永久观测点,定期进行控制检测。桥梁检测项目与永久观测点布置要求见表3.5.3。单孔跨径小于60m的桥梁,检测中若发现结构存在异常变形,应进行相应的控制检测。特殊结构桥梁,宜根据养护、管理的需要,增加相应的控制检测项目。

表3.5.3 桥梁检测项目与永久观测点

检测项目		永久观测点
1	桥面高程	每孔不宜少于10个点,沿行车道两边(靠缘石处)布设,跨中、$L/4$、支点等控制截面必须布设
2	墩、台身、锚碇变位	布置于墩、台身底部(距地面或常水位0.5~2m)、桥台侧墙尾部顶面和锚碇的上、下游两侧各1~2点
3	墩、台身、索塔倾斜度	墩、台身底部(距地面或常水位0.5~2m)的上、下游两侧各1~2点
4	索塔变位	每个索塔不宜少于2个点,索塔顶面、塔梁交接处各1~2点
5	主缆线形	每孔不宜少于10个点,沿索夹位置布设,主缆最低点和最高点必须布设
6	拱轴线	每孔不宜少于18个点,沿拱圈上、下游两侧拱肋中心处在拱顶、$L/8$、$L/4$、$3L/8$、拱脚等控制截面布设
7	拱座变位	不宜少于2个点,布设于拱座上、下游两侧
8	悬索桥索夹滑移	桥塔侧第一对吊杆索夹处各设1点
9	索鞍与主塔相对变位	索鞍处各设1点

2 桥梁永久观测点的设置应牢固可靠。当测点与国家大地测量网联络有困难时,应建立相对独立的基准测量系统。永久观测点有变动时,应及时检测、校准及换算,保持数据的有效和连续。

3 设置永久观测点后,应绘制永久观测点平面布置图,并在图中明确基准点位置。

4 桥梁主体结构维修、加固改造前后,应进行控制检测,保持观测资料的连续性。

5 应设而没有设置永久观测点的桥梁,应在定期检查时按规定补设。测点的布设和首次检测的时间及检测数据等,应按要求归档。

6 特大桥、大桥、中桥的墩台旁,必要时可设置水尺或标志,以观测水位和冲刷情况。

3.5.4 桥面系的检查应包括下列内容:

1 桥面铺装层纵、横坡是否顺适,有无严重的龟裂、纵横裂缝,有无坑槽、拥包、拱起、剥落、错台、磨光、泛油、变形、脱皮、露骨、接缝料损坏、桥头跳车等现象。

2 伸缩缝是否有异常变形、破损、脱落、漏水、失效,锚固区有无缺陷,是否存在明显的跳车。

3 人行道有无缺失、破损等。

4 栏杆、护栏有无缺失、破损等。

5 防排水系统是否顺畅,泄水管、引水槽有无明显缺陷,桥头排水沟功能是否完好。

6 桥上交通信号、标志、标线、照明设施是否损坏、失效。

3.5.5 混凝土梁桥上部结构检查应包括下列内容:

1 混凝土构件有无开裂及裂缝是否超限,有无渗水、蜂窝、麻面、剥落、掉角、空洞、孔洞、露筋及钢筋锈蚀。

2 主梁跨中、支点及变截面处,悬臂端牛腿或中间铰部位,刚构的固结处和桁架的节点部位,混凝土是否开裂、缺损,钢筋有无锈蚀。

3 预应力钢束锚固区段混凝土有无开裂,沿预应力筋的混凝土表面有无纵向裂缝。

4 桥面线形及结构变位情况。

5 混凝土碳化深度、钢筋锈蚀检测。

6 主梁有无积水、渗水,箱梁通风是否良好。

7 组合梁的桥面板与梁的结合部位及预制桥面板之间的接头处混凝土有无开裂、渗水。

8 装配式梁桥的横向连接构件是否开裂,连接钢板的焊缝有无锈蚀、断裂。

3.5.6 钢桥上部结构检查应包括下列内容:

1 构件涂层劣化情况。

2 构件锈蚀、裂缝、变形、局部损伤。

3 焊缝开裂或脱开。

4 铆钉和螺栓松动、脱落或断裂。

5 结构的跨中挠度、结构变位情况。

6 钢箱梁内部湿度是否符合要求,除湿设施是否工作正常。

7 钢-混凝土组合梁桥和混合梁桥的检测,除应符合本条及本规范第3.5.5条的相关要求外,尚应包括下列内容:

1)桥面板与梁的结合部位有无纵向滑移、开裂。

2)预制桥面板之间的接头处混凝土有无开裂、压溃、渗水、错位。

3)混凝土梁段与钢梁段结合处构造功能是否正常,接合面有无脱开、渗漏、错位、承压钢板变形等。

3.5.7 拱桥上部结构检查应符合下列规定：

1 主拱圈是否变形、开裂、渗水，拱脚是否发生位移。

2 圬工拱桥拱圈的灰缝有无松散、剥离或脱落，砌块有无风化、断裂、压碎、局部掉块、脱落；钢筋混凝土拱桥的拱圈（片）表观及材质状况检测应按本规范第3.5.5条执行；钢-混凝土组合拱桥及钢拱桥的钢结构检测应按本规范第3.5.6条执行。

3 行车道板、横梁、纵梁及拱上立柱（墙）、盖梁、垫梁的混凝土有无开裂、剥落、露筋和锈蚀。空腹拱的腹拱圈有无较大的变形、开裂、错位，立墙或立柱有无倾斜、开裂。

4 拱的侧墙与主拱圈间有无脱落，侧墙有无鼓凸变形、开裂，实腹拱拱上填料有无沉陷，排水是否正常。

5 拱桥的横向联结有无变位、开裂、松动、脱落、断裂、钢筋外露、锈蚀等，连接部钢板有无锈蚀、断裂。

6 双曲拱桥拱波与拱肋结合处是否开裂、脱开，拱波之间砂浆有无松散、脱落，拱波是否开裂、渗水等。

7 劲性骨架的拱桥，混凝土是否沿骨架出现纵向或横向裂缝。

8 吊杆索力有无异常变化。吊杆防护套有无开裂、鼓包、破损，必要时可打开防护套，检查吊杆钢丝涂膜有无劣化，钢丝有无锈蚀、断丝。钢套管有无锈蚀、损坏，内部有无积水；吊杆导管端密封减振设施和其他减振装置有无病害及异常等。

9 逐个检查吊杆锚头及周围锚固区的情况，锚具是否渗水、锈蚀，是否有锈水流出的痕迹，锚固区是否开裂。必要时可打开锚具后盖抽查锚杯内是否积水、潮湿，防锈油是否结块、乳化失效，锚杯是否锈蚀。锚头是否锈蚀，镦头或夹片是否异常，锚头螺母位置有无异常。

10 拱桥系杆外部涂层是否劣化，系杆有无松动，锚头、防护罩、钢箱有无锈蚀、损坏。预应力混凝土系杆的检测应按本规范第3.5.5条执行。

11 钢管混凝土拱桥钢管内混凝土密实度检测，检查频率宜为3~6年1次。

3.5.8 斜拉桥上部结构及索塔的检查应包括下列内容：

1 桥塔有无异常变位，锚固区是否有开裂、水渍，有无渗水现象。混凝土结构有无缺损、裂缝、剥落、露筋、钢筋锈蚀。钢结构涂装是否粉化、脱落、起泡、开裂，钢结构是否锈蚀、变形、裂缝；螺栓是否缺失、损坏、松动；钢与混凝土连接是否完好。

2 拉索索力有无异常变化，观测斜拉索线形有无异常。

3 斜拉索防护套有无开裂、鼓包、破损、老化变质，必要时可以打开防护套，检查斜拉索的钢丝涂层劣化、破损、锈蚀及断丝情况。

4 逐个检查锚具及周围锚固区的情况，锚具是否渗水、锈蚀，是否有锈水流出的痕迹，锚固区是否开裂。必要时可打开锚具后盖抽查锚杯内是否积水、潮湿，防锈油是否结块、乳化失效，锚杯是否锈蚀。锚头是否锈蚀、开裂，镦头或夹片是否异常，锚头螺母位置有无异常。

5 主梁的检测，除应按本规范第3.5.5条、第3.5.6条执行外，还应检查梁体拉索锚固区域的混凝土结构是否开裂、渗水，钢结构是否有裂纹、锈蚀、渗水。

6　钢护筒是否脱漆、锈蚀,钢护筒内有无积水,钢护筒与斜拉索密封是否可靠,橡胶圈是否老化或严重磨损,橡胶圈固定装置有无损坏,阻尼器有无异常变形、松动、漏油、螺栓缺失、结构脱漆、锈蚀、裂缝。

7　桥梁构件气动外形是否发生改变;气动措施和风障是否完好;钢主梁检修车轨道、桥面风障、护栏、栏杆的形状及位置是否发生改变。

3.5.9　悬索桥主要构件的检查应包括下列内容:

1　桥塔有无异常变位,混凝土结构有无缺损、裂缝、剥落、露筋、钢筋锈蚀。钢结构涂装是否粉化、脱落、起泡、开裂,钢结构是否锈蚀、变形、裂缝;螺栓是否缺失、损坏、松动;钢与混凝土连接是否完好。

2　主缆线形是否有变化。主缆防护有无老化、开裂、脱落、刮伤、磨损;主缆是否渗水,缠丝有无损伤、锈蚀,必要时可以打开涂层和缠丝,检查索股钢丝涂膜有无劣化,钢丝有无锈蚀、断丝。锚头防锈漆是否粉化、脱落、开裂,抽查锚头防锈油是否干硬、失效,锚头是否锈蚀、开裂,镦头或夹片是否异常,锚头螺母位置有无异常。

3　吊索索力有无异常变化;吊索防护套有无裂缝、鼓包、破损,必要时可以打开防护套,检查吊索钢丝涂膜有无劣化,钢丝有无锈蚀、断丝。钢套管有无锈蚀、损坏,内部有无积水;吊索导管端密封减振设施和其他减振装置有无病害及异常等。

4　逐个检查吊索锚头及周围锚固区的情况,锚具是否渗水、锈蚀,是否有锈水流出的痕迹,锚固区是否开裂。必要时可打开锚具后盖抽查锚杯内是否积水、潮湿,防锈油是否结块、乳化失效,锚杯是否锈蚀。锚头是否锈蚀、开裂,镦头或夹片是否异常,锚头螺母位置有无异常。

5　索夹螺栓有无缺失、损伤、松动;索夹有无错位、滑移;索夹面漆有无起皮脱落,密封填料有无老化、开裂;索夹外观有无裂缝及锈蚀;测试索夹螺栓紧固力。

6　加劲梁的检测,应按本规范第3.5.5条、第3.5.6条执行。

7　主索鞍、散索鞍上座板与下座板有无相对位移、卡死、辊轴歪斜,鞍座螺杆、锚栓有无松动现象。鞍座内密封状况是否良好。索鞍有无锈蚀、裂缝,索鞍涂装有无粉化、裂缝、起泡、脱落,主缆和索鞍有无相对滑移。

8　锚碇外观有无明显病害,如裂缝、空洞等;锚碇有无沉降、扭转及水平位移。锚室顶板、侧墙表面状况是否完好。锚室内有无渗漏水,是否积水,温湿度是否符合要求;除湿设备运行是否正常。

9　索股锚杆涂层是否完好,有无锈蚀、裂纹病害。

10　桥梁构件气动外形是否发生改变;气动措施和风障是否完好;钢主梁检修车轨道、桥面风障、护栏、栏杆的形状及位置是否发生改变。

3.5.10　支座的检查应包括下列内容:

1　支座是否缺失,组件是否完整、清洁,有无断裂、错位、脱空。

2　活动支座实际位移量、转角量是否正常,固定支座的锚销是否完好。

3　橡胶支座是否老化、开裂，有无位置串动、脱空，有无过大的剪切变形或压缩变形，各夹层钢板之间的橡胶层外凸是否均匀。

4　四氟滑板支座是否脏污、老化，聚四氟乙烯板是否磨损、是否与支座脱离、是否倒置。

5　盆式橡胶支座的固定螺栓是否剪断，螺母是否松动，钢盆外露部分是否锈蚀，防尘罩是否完好，抗震装置是否完好。

6　组合式钢支座是否干涩、锈蚀，固定支座的锚栓是否紧固，销板或销钉是否完好。钢支座部件是否出现磨损、开裂。

7　摆柱支座各组件相对位置是否准确。混凝土摆柱的柱体有无破损、开裂、露筋。钢筋及钢板有无锈蚀。活动支座滑动面是否平整。

8　辊轴支座的辊轴是否出现爬动、歪斜。摇轴支座是否倾斜。轴承是否有裂纹、切口或偏移。

9　球型支座地脚螺栓有无剪断、螺纹有无锈死，支座防尘密封裙有无破损，支座相对位移是否均匀，支座钢组件有无锈蚀。

10　支承垫石是否开裂、破损。

11　简易支座的油毡是否老化、破裂或失效。

12　支座螺纹、螺帽是否松动，锚螺杆有无剪切变形，上下座板(盆)的锈蚀状况。

13　支座封闭材料是否老化、开裂、脱落。

14　斜拉桥、悬索桥的纵向和横向限位支座的检测，应按本条执行。

3.5.11　桥梁墩台及基础的检查应包括下列内容：

1　墩身、台身及基础变位情况。

2　混凝土墩身、台身、盖梁、台帽及系梁有无开裂、蜂窝、麻面、剥落、露筋、空洞、孔洞、钢筋锈蚀等。

3　墩台顶面是否清洁，有无杂物堆积，伸缩缝处是否漏水。

4　圬工砌体墩身、台身有无砌块破损、剥落、松动、变形、灰缝脱落，砌体泄水孔是否堵塞。

5　桥台翼墙、侧墙、耳墙有无破损、裂缝、位移、鼓肚、砌体松动。台背填土有无沉降或挤压隆起，排水是否畅通。

6　基础是否发生冲刷或淘空现象，地基有无侵蚀。水位涨落、干湿交替变化处基础有无冲刷磨损、颈缩、露筋，有无开裂，是否受到腐蚀。

7　锥坡、护坡有无缺陷、冲刷。

3.5.12　附属设施检查应包括下列内容：

1　养护检修设施是否完好。

2　减振、阻尼装置是否完好。

3　墩台防撞设施是否完备。

4 桥上避雷装置是否完好。

5 桥上航空灯、航道灯是否完好,能否保证正常照明。桥面照明及结构物内供养护检修的照明系统是否完好。

6 防抛网、声屏障是否完好。

7 结构监测系统仪器设备工作是否正常。

8 除湿设备工作是否正常。

3.5.13 河床及调治构造物的检查应包括下列内容:

1 桥位段河床有无明显冲淤或漂流物堵塞现象,有无冲刷及变迁状况。河底铺砌是否完好。

2 调治构造物是否完好,功能是否适用。

3.5.14 定期检查中发现的各种缺损应在现场将其范围、分布特征、程度及检测日期标记清楚。对3、4、5类桥梁及有严重缺损的构件,应作影像记录,并附病害状况说明。

3.5.15 定期检查后提交检查报告,应包括下列内容:

1 桥梁基本状况卡片(附录A)、桥梁定期检查记录表(附录C)、桥梁技术状况评定表。

2 典型缺损和病害的照片、文字说明及缺损分布图,缺损状况的描述应采用专业标准术语,说明缺损的部位、类型、性质、范围、数量和程度等。

3 三张总体照片。包括桥面正面照片一张,桥梁两侧立面照片各一张。

4 判断病害原因及影响范围,并与历次检查报告进行对比分析,说明病害发展情况。

5 桥梁的技术状况评定等级。

6 提出养护建议及下次检查时间。

3.5.16 对需限制交通或关闭的桥梁应及时报告并提出建议。

3.6 特殊检查

3.6.1 下列情况应作特殊检查:

1 定期检查中难以判明构件损伤原因及程度的桥梁。

2 拟通过加固手段提高荷载等级的桥梁。

3 需要判明水中基础技术状况的桥梁。

4 遭受洪水、流冰、滑坡、地震、风灾、火灾、撞击,因超重车辆通过或其他异常情况影响造成损伤的桥梁。

3.6.2 特殊检查应根据检测目的、病害情况和性质,采用仪器设备进行现场测试和其他辅助试验,针对桥梁现状进行检算分析,形成评定结论,提出建议措施。

3.6.3 实施特殊检查前,应充分收集桥梁设计资料、竣工资料、材料试验报告、施工资料、历次检测报告及维修资料等,并现场复核。

3.6.4 特殊检查应包括下列一项或多项内容:

1 材料的物理、化学性能及其退化程度的测试鉴定;结构或构件开裂状态的检测及评定。

2 结构的强度、刚度和稳定性的检算、试验和鉴定。桥梁承载能力评定宜按现行《公路桥梁承载能力检测评定规程》(JTG/T J21)执行。

3 桥梁抵抗洪水、流冰、风、地震及其他灾害能力的检测鉴定。

4 桥梁遭受洪水、流冰、滑坡、地震、风灾、火灾、撞击,因超重车辆通过或其他因素造成损伤的检测鉴定。

5 水中墩台身、基础的缺损情况的检测评定。

6 定期检查中发现的较严重的开裂、变形等病害,应进行跟踪观测,预测其发展趋势。

3.6.5 特殊检查后应提交检查报告。检查报告应包括下列内容:

1 桥梁基本状况信息。

2 特殊检查的总体情况概述。包括桥梁的基本情况、检测的组织、时间、背景、目的和工作过程等。

3 现场调查、检测与试验项目及方法的说明。

4 详细描述检测部位的损坏程度并分析原因。

5 桥梁结构特殊检查评定结果。

6 填写“桥梁特殊检查记录表”(附录 E)。

7 提出结构部件和总体的维修、加固或改建的建议。

3.7 结构监测

3.7.1 对需要开展结构健康监测的桥梁,应结合桥梁实际,遵循“技术先进、经济适用、精准预警”的原则,建立监测体系,并保证监测系统的实效性、可靠性和耐久性。

3.7.2 桥梁结构监测系统的设计、安装、维护应符合相关技术标准、规范、规程的要求。

3.8 桥梁评定

3.8.1 桥梁技术状况评定应依据桥梁初始检查、定期检查资料,通过对桥梁各部件技术状况的综合评定，确定桥梁的技术状况等级，提出养护措施。评定应按现行《公路桥梁技术状况评定标准》(JTG/T H21)执行。

3.8.2 桥梁技术状况评定等级应分为1类、2类、3类、4类、5类。桥梁技术状况评定等级及状态描述见表3.8.2。

表3.8.2 桥梁技术状况评定等级及状态描述

技术状况等级	状态	技术状况描述
1类	完好、良好	1. 主要部件功能与材料均良好。 2. 次要部件功能良好，材料有少量(3%以内)轻度缺损。 3. 承载能力和桥面行车条件符合设计标准
2类	较好	1. 主要部件功能良好，材料有少量(3%以内)轻度缺损，结构受力裂缝宽度小于设计限值。 2. 次要部件有较多(10%以内)中等缺损。 3. 承载能力和桥面行车条件达到设计指标
3类	较差	1. 主要部件材料有较多(10%以内)中等缺损，结构受力裂缝宽度超过设计限值，或出现轻度功能性病害，发展缓慢，尚能维持正常使用功能。 2. 次要部件有大量(10%～20%)严重缺损，功能降低，进一步恶化将不利于主要部件和影响正常交通。 3. 承载能力比设计降低10%以内，桥面行车不舒适
4类	差	1. 主要部件材料有大量(10%～20%)严重缺损，结构受力裂缝宽度超过设计限值，锈蚀严重，或出现轻度功能性病害，且发展较快。结构变形小于或等于设计限值，功能明显降低。 2. 次要部件有20%以上的严重缺损，失去应有功能，严重影响正常交通。 3. 承载能力比设计降低10%～25%
5类	危险	1. 主要部件出现严重的功能性病害，且有继续扩张现象，关键部位的部分材料强度达到极限，出现部分钢丝或钢筋断裂、混凝土压碎或杆件失稳变形、破损现象，变形大于设计限值，结构的强度、刚度、稳定性和动力响应不能达到交通安全通行的要求。 2. 承载能力比设计降低25%以上

3.8.3 应根据桥梁技术状况评定结果，对各类桥梁按表3.8.3采取相应的养护对策。

表3.8.3 桥梁技术状况等级与养护对策

技术状况等级	养护对策
1类	正常保养或预防养护
2类	修复养护、预防养护
3类	修复养护、加固或更换较大缺陷构件；必要时可进行交通管制
4类	修复养护、加固或改造；及时进行交通管制，必要时封闭交通
5类	及时封闭交通，改建或重建

3.8.4 为恢复、保持或提升公路服务功能，结合阶段性专项公路养护治理工作，可对桥

梁实施专项养护，包括增设、加固改造、拆除重建、灾后恢复等。

3.8.5 桥梁适应性评定可根据需要进行。评定工作可与定期检查、特殊检查结合进行，可采用下列方法：

1 承载能力评定，可采用分析检算或荷载试验方法。

2 通行能力评定，可将设计通行能力与实际交通量进行比较，也可和使用期预测交通量进行比较，评价桥梁能否满足现行或预期交通量的要求。

3 抗灾害能力评定，可采用现场测试与分析检算方法，重要桥梁可进行模拟试验。抗洪能力评定的具体要求见本规范第5章。

4 耐久性评定，可采用外观耐久状态评定与剩余耐久年限评定相结合的方法。

3.8.6 对适应性不满足要求的桥梁，应采取提高承载力、加宽、加长、基础防护等改造措施，情况严重时应对桥梁进行改建或重建。当整个路段有多个桥梁的适应性不能满足要求时，应结合路线改造进行方案比较和决策。

4 桥梁养护与维修

4.1 一般规定

4.1.1 桥梁养护工作应结合桥梁的养护检查等级开展,对桥梁检查中发现的病害应制订相应的养护维修方案并及时处治。

4.1.2 桥梁养护应符合下列要求:

1 桥梁外观整洁。

2 结构无损坏,无异常变形,稳定性良好。

3 桥面铺装坚实平整,纵、横坡适度,桥头平顺。

4 桥面系各构件、支座及附属设施等状态完好、功能正常、布置合理。

5 基础无冲蚀。

4.1.3 检查评定发现桥梁承载能力、刚度或稳定性不足时,应按相关技术标准、规范、规程要求进行维修加固。

4.1.4 桥梁应设置用于观测、检查和维修的通道或设施。

4.1.5 钢筋保护层无法满足规范要求或桥梁处于腐蚀环境时,宜增设防腐措施确保其耐久性。

4.1.6 养护维修工程改变桥梁气动外形、结构体系、连接方式或应用新材料、新工艺、新技术时,应对养护设计和施工方案进行论证、审查和安全评估。

4.1.7 桥梁增加其他用途,应经过专业机构评估并取得桥梁主管部门的许可。

4.1.8 桥梁养护作业中,为满足维修加固项目的工艺、材料要求,必要时应实施交通管制。

4.1.9 桥梁养护工程作业,必须按现行《公路养护安全作业规程》(JTG H30)的要求实施。

4.2 桥面系养护与维修

4.2.1 桥面铺装及防水层养护与维修应符合下列规定：

1 桥面应经常清扫，排除积水，清除泥土、杂物、积雪和冰凌等，保持桥面平整、清洁。

2 沥青混凝土桥面出现泛油、拥包、裂缝、波浪、坑槽、车辙等病害时，应及时处治。根据损坏程度，局部修补或整跨铣刨重新铺设铺装层，并应满足现行《公路沥青路面养护技术规范》（JTG 5142）的相关技术要求。

3 水泥混凝土桥面出现断缝、拱胀、错台、起皮、露骨等病害时，应及时处理。根据损坏程度，将原铺装整块或整跨凿除，重铺新的铺装层，并应满足现行《公路水泥混凝土路面养护技术规范》（JTJ 073.1）的相关技术要求。局部修补时严禁使用普通配比混凝土替代防水混凝土。

4 桥面铺装养护维修及改造，拟改造的桥面铺装厚度大于原桥铺装层厚度时，应经过技术论证或检算。沥青混凝土微表处或罩面养护时，不得覆盖伸缩装置。

5 桥面防水层损坏，应及时修复。

4.2.2 排水系统应满足排水需要，保持完好和畅通，有损坏时应及时维修或更换，有堵塞时应及时疏通。

4.2.3 人行道、栏杆、护栏养护与维修应符合下列规定：

1 人行道、栏杆、护栏各构件等应牢固并保持完好状态，有损坏时应及时维修或更换。

2 伸缩装置处的栏杆或护栏应满足结构的变形需要。

3 钢护栏及钢筋混凝土护栏上的外露钢构件应根据环境条件定期涂装。

4 桥梁两端的栏杆柱或防撞墙端面，涂有立面标记或警示标志的，应保持标记、标志鲜明。

4.2.4 桥梁照明养护与维修应符合下列规定：

1 桥上灯柱等设备应保持完好，照明设备锚固支撑应牢固可靠，有缺损时应及时维修。

2 灯具或供电系统老化、损坏应及时更换或维修。

3 应确保照明设施电线不外露，接线盒处于良好工作状态。

4 增设照明设施宜置于桥梁内侧，不得影响桥梁养护维修及行车安全。

4.2.5 伸缩装置养护与维修应符合下列规定：

1 伸缩装置的养护，应满足下列规定：

1）伸缩装置应平整、直顺、无漏水，处于良好的工作状态。

2)应经常清除伸缩装置的缝内积土、垃圾等杂物,使其发挥正常作用。

3)伸缩装置的密封橡胶带(止水带)损坏后,应及时更换。密封橡胶带的选择,应满足其规格和性能要求。

4)钢板(梳齿型)伸缩装置的钢板开焊时,应及时补焊;螺栓松动、脱落时,应及时维修。

2 伸缩装置出现下列病害时,应及时进行更换:

1)U形锌铁皮伸缩装置的锌铁皮老化、开裂、断裂。

2)钢板伸缩装置的钢板变形、翘曲、脱落。

3)橡胶条伸缩装置的橡胶条老化、脱落,固定角钢变形、松动。

4)板式橡胶伸缩装置的橡胶板老化、开裂,预埋螺栓松脱,伸缩失效。

5)伸缩装置的弹性元件或其他连接构件疲劳或失效,影响伸缩装置正常使用。

3 更换伸缩装置时宜选择技术先进合理的伸缩装置,伸缩量应满足桥跨结构变形需要,安装应牢固、平整、不漏水。

4 伸缩装置锚固区混凝土应完好,有开裂、松散时应及时修复。

5 维修或更换伸缩装置时,应实施交通管制。在锚固区混凝土强度未达到设计要求时,不得开放交通。

4.2.6 桥头搭板脱空、断裂或枕梁下沉引起桥路连接不顺适,影响行车安全时,应进行维修处理。

4.2.7 标志、标线和交通安全设施养护与维修应符合下列规定:

1 桥梁交通标志、标线和安全设施应齐全、醒目、牢固,标志板应整洁、完好,有损坏时应及时维修更换。

2 交通标线应经常保持完好、清晰,宜定期重涂。

3 桥梁的防眩板应保持齐全、牢固,有损坏时应及时维修更换。

4 桥梁的防护隔离设施应完整、牢固,有损坏时应及时维修。

4.2.8 利用桥梁架设管线、广告牌等设施,应通过相应的技术论证,并报经交通运输主管部门同意,不得影响桥梁正常养护。

4.3 梁桥上部结构的养护与维修

4.3.1 钢筋混凝土梁桥上部结构养护与维修应符合下列规定:

1 应保持结构完好、无缺损。

2 梁(板)开裂时,应视裂缝性质和影响程度,及时采取相应处治措施。

3 梁(板)存在表观缺陷时,应予维修。

4 箱梁或空心板内应保持干燥、无积水。

5　箱梁内应保持通风良好。

6　梁体受水侵蚀时,应采取必要的截水措施。

7　装配式组合梁(板)桥,纵、横向联系出现开裂、开焊、破损等病害时,应及时修复。

8　主梁持续下挠或挠度超过设计规定的允许值时,应进行特殊检查评估并及时加固处治。

9　混凝土梁发生纵、横向异常变位,支点位置发生异常角变位或过大沉降时,应及时处治。

10　混凝土梁受到车辆或船舶等撞击后,应根据检测评估结果及时处治。

4.3.2　预应力混凝土梁桥养护与维修除应满足本规范第4.3.1条的要求外,尚应符合下列规定:

1　预应力体系各组成部分应保持完好、有效。

2　全预应力及部分预应力A类构件出现结构性裂缝时,应及时维修加固。

3　预应力混凝土锚固区存在破损、开裂、剥落、封锚不严、锚具暴露等缺陷时,应及时维修加固。

4　发现预应力钢束存在严重锈蚀等缺陷时,应及时处治。

5　体外预应力钢束存在表面防护严重破损、锈蚀、断丝,夹片破损、失效时,应及时维修或更换;锚固块、转向块与梁体结合区域出现超限的结构裂缝时,应及时加固处治。

6　预制节段拼装的预应力混凝土梁桥,拼接缝部位出现接触不紧密、拼接材料老化等病害时,应及时维修加固。

4.4　拱桥上部结构的养护与维修

4.4.1　圬工拱桥养护与维修应符合下列规定:

1　圬工结构应保持表面整洁、完整,无杂草。

2　圬工结构出现空洞、孔洞或砌块断裂、压碎、松动、脱落等病害时,应及时维修或加固。

3　砌筑砂浆脱落、不饱满导致主拱圈整体性差时,应及时修复。

4　圬工结构发生异常变形或出现结构裂缝时,应进行特殊检查评估并及时处治。

4.4.2　混凝土拱桥养护与维修应符合下列规定:

1　拱圈应保持结构完好、无缺损。存在表观缺陷时,应予维修。

2　箱形拱拱圈应保持通气孔、排(进)水孔畅通。

3　主拱圈开裂,应视裂缝性质和影响程度,及时采取相应处治措施。

4　肋拱、双曲拱、桁架拱、刚架拱的肋间横向联系出现开裂、破损病害时,应及时修复。

5　双曲拱桥拱波的纵向开裂、渗水等缺陷应及时修复。

6 桁架拱、刚架拱、系杆拱因节点强度不足引起节点及杆件端部开裂时,应及时加固处治。

7 预制拼装拱桥的铰缝、横向接缝存在开裂、破损等缺陷时,应予修复。

8 主拱圈变形异常或拱顶下挠严重时,应进行特殊检查评估并及时加固处治。

9 中、下承式拱桥吊杆(索)的养护与维修应按本规范第 4.7 节吊索相关内容执行。

10 系杆拱桥的混凝土系杆出现裂缝时,应及时维修处治。系杆的锚固区存在破损、开裂、剥落、封锚不严、锚具暴露等缺陷时,应及时维修加固。

4.4.3 拱上建筑的养护与维修应符合下列规定:

1 拱式腹拱的拱铰及变形缝应保持工作正常,有杂物时应予以清除。

2 腹拱、侧墙出现开裂、破损、错位、倾斜或外移等病害时,应及时修复。

3 拱上填料应密实、无沉陷,有沉陷时应及时处治;拱背防排水系统应保持畅通。

4 梁式拱上结构的养护维修,应按本规范第 4.3 节相关内容执行。立柱、立墙的养护与维修,应按本规范第 4.8 节相关内容执行。

5 双曲拱桥拱波、刚架拱桥微弯板等存在露筋、开裂及塌陷等病害时,应及时修复。

4.4.4 钢拱桥养护与维修参见本章相关内容,其中钢构件的养护与维修应按本规范第 4.5节相关内容执行。

4.4.5 钢管混凝土拱桥、钢-混凝土组合结构拱桥养护与维修除应满足本规范第 4.4.2 条、第 4.5 节、第 4.7 节相关要求外,尚应符合下列规定:

1 拱肋、吊杆和锚头应保持清洁,宜定期对拱肋表面涂装进行修复。

2 应及时排出锚头防护罩内积水和拱座处积水,并保持清洁干燥。

3 吊杆应加强横向冲击防护,并注意防水、防锈,发现油脂渗漏时,应补注防锈油脂,修复渗漏部位。

4 钢管混凝土结构存在管内混凝土脱空时,应予处治。

5 拱脚外包混凝土出现开裂时,应及时维修加固。

4.5 钢结构的养护与维修

4.5.1 钢结构的养护与维修应符合下列规定:

1 钢结构外观应保持清洁,并保持泄水孔或排水槽通畅。

2 钢结构应定期进行涂装防锈。油漆失效区域应及时除锈补漆。钢结构杆件在维修后,应及时涂漆防锈。

3 构件连接螺栓有松动、缺失时,应及时拧紧、补充,对高强螺栓,必须施加设计的预加力。

4 钢构件出现裂纹或异常变形时,应进行特殊检查评估并及时加固处治。

5 应及时更换松动和损坏的铆钉。更换过的铆钉在检验之后,均应涂上与桥梁结构显著不同的颜色,并记录其数量和位置。

6 焊接连接的构件,焊缝处发现裂纹、气孔、未熔合、夹渣、未填满、弧坑等缺陷时,应进行返修焊,焊后的焊缝应打磨匀顺。

7 钢板梁由于穿孔或破裂削弱断面时,可补贴钢板或用钢夹板夹紧处理。钢板受到较短和较深的刨伤时,宜用电焊填补。

8 钢桁梁可采用增补钢板、角钢或槽钢等方法进行维修。连接方式可采用栓接或焊接。

9 连接杆件有损坏或强度不足时,应及时维修或更换。

4.5.2 钢构件屈曲、撞击造成损伤、开裂或退化以及验算证明不满足有关要求的构件应进行更换。承载能力不足的构件可通过粘贴钢板或型钢予以加强。

4.6 斜拉桥上部结构的养护与维修

4.6.1 斜拉索的养护与维修应符合下列规定:

1 应保持索体表面清洁,及时清除附着物。

2 拉索锚具及护筒内应保持清洁、干燥。锚头漏水、渗水时,应及时将水排出并予以修复。

3 定期更换拉索两端锚具锚杯内的防护油。

4 定期更换钢护筒与套管连接处的防水垫圈及阻尼垫圈。

5 定期对拉索两端钢护筒作涂漆、防锈处理。发现钢护筒开裂、渗水、漏水时,应及时处治。

6 锚固系统的钢构件出现锈蚀时,应及时除锈和作防腐处理。

7 斜拉索护套出现大量表层裂缝或破损严重时,应及时修补。

8 斜拉索钢丝锈蚀后,应进行特殊检查评估并及时维修或更换。

9 锚具或其连接螺栓、锚拉板等构件存在开裂、变形时,应进行特殊检查评估并及时维修加固。

4.6.2 斜拉索减振装置的维修应符合下列规定:

1 阻尼装置各部位应完整、清洁,及时清除油污、杂物等,保持其正常工作状态。

2 检测发现斜拉索振幅过大,没有减振措施时,应增设减振设施;有减振措施时,应检查其有效性,分析原因,进行修复或更换。

3 对外置阻尼器,应结合构造、类型进行维修。阻尼器内的橡胶防护圈损坏或脱落时,应及时更换。

4.6.3 主梁的养护与维修除应按本规范第4.3节及第4.5节相关内容执行外,尚应符

合下列规定:

1 混凝土主梁的拉索锚固区出现开裂、渗水时,应进行特殊检查评估并及时加固处治。

2 钢结构主梁在拉索锚固区,钢构件出现裂纹、变形、锈蚀、渗水时,应进行特殊检查评估并及时加固处治。

4.6.4 索塔的养护应符合下列规定:

1 保持索塔表面清洁,及时清除表面杂物。

2 空心索塔内应保持通风干燥。

3 索塔的排水系统应处于正常工作状态,应保持索塔顶面、内部、横梁等位置无积水。

4 塔顶变位异常时,应进行特殊检查评估并及时处治。

5 索塔的其他养护与维修应按本规范第4.8.1条及第4.5节相关内容执行。

4.6.5 斜拉索的调索与换索应符合下列规定:

1 拉索索力存在异常时,应增加检测频率,出现下列情况时应进行调索:

1) 主梁、主塔线形有异常变化;

2) 索力偏差超过10%或超过设计规定容许值;

3) 上部结构恒载分布有改变。

2 斜拉索出现下列情况时应及时更换:

1) 拉索钢丝严重锈蚀或出现断丝,经评估无法继续利用;

2) 拉索护套损伤严重且无法修复;

3) 锚具损坏且无法修复;

4) 由于荷载增加或其他因素导致拉索索力超出安全限值,且通过调索无法解决;

5) 拉索使用年限超过设计使用寿命;

6) 拉索存在其他严重损伤且无法修复。

3 调索时张拉的顺序、级次和量值应符合设计规定。调索、换索后必须对全桥斜拉索的索力和主梁高程进行测定。

4 仅更换部分斜拉索时,应考虑新旧索的匹配性。

5 更换下来的拉索宜进行详细的锈蚀检验,测定有代表性索体的剩余承载力,为今后养护维修提供借鉴和依据。

4.6.6 设有辅助墩的斜拉桥,应对主塔与辅助墩的不均匀沉降进行监测。主塔与辅助墩的不均匀沉降量超过设计要求时,应采取有效措施进行调整。

4.6.7 塔身与梁体间的横向限位装置应保持工作正常。有异常时应及时维修或更换。

4.7 悬索桥上部结构的养护与维修

4.7.1 主缆的养护与维修应符合下列规定：

1 保持主缆清洁，及时清除其表面的积冰、尘土和油污。

2 主缆防护层有开裂、剥落时，应尽快修复。

3 主缆内部应保持干燥状态，存在积水、渗水时应及时将水排出，通过特殊检查后及时采取处治措施，必要时应检查主缆钢丝是否锈蚀，并及时处治。

4 应防止主缆索股的锚头、锚杆、裸露索股、分索器、散索鞍等处发生锈蚀。发现涂装剥落、锈蚀时，应及时处治。应及时清除表面尘垢、积水，定期涂刷防腐涂装、更换防腐油脂。

5 主缆采用涂敷油脂防锈并用简易包裹做防护层时，应定期更换油脂及防护层，保持其完好状态。

6 缠丝的漆膜有损坏（开裂、碎片等）或分层剥落时，应重新涂装。

7 缠丝断裂散开时，应先观察主缆是否锈蚀，待除锈后重新缠丝、油漆，保证主缆防护层完好。

8 主缆存在锈蚀或断丝时，应对主缆进行特殊检查，根据腐蚀和断丝情况，研究确定采用局部重新缠丝或更换。

9 对于裂纹扩展至50%直径以上，或腐坑已消弱截面50%以上的主缆钢丝，应考虑更换。

10 主缆断丝较多时，应经过详细计算后采取降低荷载等级或加固、更换主缆等措施，保证结构的安全性。

11 主缆线形应满足设计要求，各索股的受力应保持均匀。经检查个别索股受力出现明显偏差、松弛或过紧时，应进行调整。

12 主缆存在线形变化时，应研究、分析原因，可考虑对主缆线形进行适当调整。

4.7.2 吊索的养护与维修应符合下列规定：

1 应保持保护层、止水密封圈、防雨罩等处于完好状态。

2 经常清除十字撑（减振架）与吊索连接部位的尘垢、积水，保持防锈涂层完好。

3 索夹及其螺杆的涂装有开裂、剥落，或索夹上缝隙间及索夹端部的填缝料有开裂、剥落时，应及时修复。

4 索夹的紧固螺栓应保持在合理的受力状态，不得松动。有松动时应及时紧固。

5 定期对吊索系统各构件涂刷防锈漆，始终保持涂层完好。

6 索夹腐蚀严重，或夹壁、耳板开裂，或根据检查评估结果认为索夹不能继续使用时，应更换索夹。

7 索夹螺杆、螺母、垫圈经评估需要更换时，应逐个更换。

8 索夹高强度拉杆应保持足够的张力，不宜超出设计值±10kN。超出限值时应予以调整。

9　索夹发生滑移时,应予以恢复。

10　具有下列情况之一时,应更换吊索:断丝数大于索体钢丝总数的5%;索体出现严重锈蚀,锈蚀程度大于钢丝全截面的5%;锚杯内螺纹削弱,导致承载力不能满足设计要求;吊索锚头发生裂纹或破损;使用年限超过设计使用寿命。

11　吊杆上安装的制振十字撑断裂,必须及时更换。

12　吊杆索力与开通运营时的索力(或前次实测数据)相差较大(超过10%)时,应查明原因,并结合主缆线形、主梁线形的变化,研究确定是否需要调整吊杆索力。

4.7.3　索鞍的养护与维修应符合下列规定:

1　应及时清除主索鞍、散索鞍表面的尘土、杂物、积水(雪)。发现锈蚀时,应及时除锈并重新涂刷防锈漆。索鞍的辊轴或滑板应保持正常工作状态。

2　主索鞍紧固鞍座的螺栓及鞍座上加紧主缆的螺杆、螺帽有松动时,应及时拧紧;有锈蚀时,应除锈并重新涂刷防锈漆。

3　索鞍防护罩应保持完好。防护罩内有除湿设备的应保持除湿设备工作正常,出现故障应及时维修;防护罩内填充油脂应定期补充油脂。

4　全铸、全焊、铸焊结合的鞍座局部出现裂纹时,可采取钻孔止裂、磨除(浅层椭圆裂纹)、补焊等措施进行处理。索鞍根部或散索鞍摇臂下部出现较严重裂纹且无法修补时,应更换鞍座。

4.7.4　加劲梁的养护与维修应按本规范第4.3节及第4.5节相关内容执行。

4.7.5　主塔的养护与维修应符合下列规定:

1　应保持主塔表面清洁,及时清除表面杂物。

2　塔顶变位异常时,应进行特殊检查评估并及时处治。

3　主塔的其他养护与维修内容应按本规范第4.8.1条及第4.5节相关内容执行。

4.8　桥梁下部结构的养护与维修

4.8.1　桥梁墩台的养护与维修应符合下列规定:

1　应保持墩台表面清洁,及时清除墩台表面的青苔、杂草、灌木和污物。

2　混凝土墩台表面存在侵蚀剥落、蜂窝、麻面、露筋及钢筋锈蚀等缺陷时,应及时修复。

3　墩台开裂时,应根据裂缝性质和影响程度,及时采取相应处治措施。

4　圬工砌体的砌缝脱落时,应重新勾缝;圬工砌体严重风化、鼓凸或损坏时,应及时维修或加固。

5　墩台抗震设施损坏时,应及时修复或改造。

6 桥梁墩台发生异常变位时，应进行特殊检查评估并及时加固处治。

7 盖梁、系梁的养护维修应按本规范第4.3节相关内容执行。

4.8.2 锥(护)坡及翼(耳)墙的养护与维修应符合下列规定：

1 锥坡应保持完好。锥坡开裂、沉陷，受洪水冲空时，应及时维修加固。

2 翼(耳)墙出现下沉、开裂等损伤时，应及时维修加固。

4.9 基础、锚碇的养护与维修

4.9.1 桥梁基础的养护与维修应符合下列规定：

1 桩基础存在颈缩、露筋、钢筋锈蚀等缺陷时，必须及时维修加固。

2 基础出现下列病害时，应及时维修加固。

1) 基础产生结构性裂缝；

2) 出现超过允许值的沉降；

3) 基础病害致使墩台滑移、倾斜；

4) 基础出现大的缺损，使其承载力不足。

3 基础冲刷过深或基底局部淘空时，应及时采取必要的防护措施。

4 桥下河床铺砌出现局部损坏时，应及时维修。

5 高寒地区的桩基础发生浅桩冻拔、深桩环状冻裂时，应予处治。

4.9.2 锚碇的养护与维修应符合下列规定：

1 应保持锚碇内外清洁，及时清除锚碇表面的青苔、杂草、灌木和污物。

2 锚室内的温度、湿度应符合设计要求；应保持锚室内通风、照明、除湿系统运转正常，出现异常应及时检查维修。

3 应保持锚碇的防排水系统正常工作，锚室内有渗水、积水时，应查明原因，及时排出积水，并对锚碇的防排水系统进行维修或改造。

4 锚碇混凝土出现剥落、蜂窝、麻面、裂缝、露筋等病害时，应及时维修处治。

5 锚碇及散索鞍、锚固区附近出现裂缝时，应及时维修加固。

4.10 支座的养护与维修

4.10.1 支座的养护与维修应符合下列规定：

1 应保持支座各组件完整、清洁、有效，防止积水、积雪和结冰，并及时清除支座周围的垃圾，保证支座正常工作。

2 滚动支座滚动面上每年应涂一层润滑油。在涂油之前，应先清洁滚动面。

3 钢支座应除锈防腐。除铰轴和滚动面外，其余部分均应涂漆防锈。

4 支座的锚栓应连接紧固，支承垫板应平整紧密。

5 养护维修时,应防止橡胶支座与油脂接触,焊接时应对支座进行保护。

6 板式橡胶支座局部脱空、偏压时,应予处治。

7 高阻尼橡胶支座等减隔震类支座连接构件失效时,应予处治。

8 垫石破损等病害,应予处治。

4.10.2 支座出现下列情况之一时,应予以更换:

1 支座的固定锚栓剪断并造成其他构件出现病害;轴承有裂纹或切口,辊轴大小不合适;混凝土摆柱出现严重开裂、歪斜等。

2 支座上下钢板翘起、断裂。

3 板式橡胶支座出现严重不均匀压缩变形,或发生过大的剪切变形、加劲钢板外露或脱胶、橡胶开裂、老化变质。

4 橡胶隔震类支座橡胶本体被撕裂。

5 小跨径桥梁油毡支座的油毡垫层损坏、掉落、老化。

6 支座滑动面磨损严重,或造成其他构件出现病害。

7 钢支座主要受力部件出现脱焊,钢部件磨损出现陷凹,或出现较大裂缝、牙板折断或辊轴连杆螺丝剪断、支座卡死等。

8 支座存在其他影响桥梁正常运营或结构受力安全的病害。

4.11 桥梁附属设施的养护与维修

4.11.1 防撞、导航、警示标志等附属设施应保持醒目、完好。

4.11.2 防雷设施的养护与维修应符合下列规定:

1 桥梁避雷装置应保持完好。避雷针接地线附近严禁堆放物品和修建设施。严禁挖掘地线的覆土,并应采取防冲刷措施。

2 在雷雨季节前,应对避雷针和引下线及地线进行检查。发现缺损必须及时修理。

4.11.3 防抛网的养护与维修应符合下列规定:

1 防抛网应清洁、完整、有效,有缺损应及时维修。

2 应经常检查桥梁防抛网的锚固部位,及时修复锚固区缺陷。对存在安全隐患的防抛网应及时更换。

4.11.4 声屏障的养护与维修应符合下列规定:

1 声屏障应保持整洁完好、安装牢固,并不得影响桥梁结构安全。

2 应经常检查声屏障的锚固位置,及时修复锚固区缺陷。

4.11.5 检修设施的养护与维修应符合下列规定:

1　检修通道的养护与维修应符合下列规定：

1）检修道应保持牢固、完好。

2）主梁、主缆、拱圈、桥塔、墩台等检修通道的扶手、栏杆、爬梯、平台、盖板、承重件等钢构件有锈蚀时，应及时除锈并涂刷防锈漆；锚固件有松动时，应及时紧固；撑杆等杆件有弯曲扭转时，应予以校正或更换。

2　主梁检查桁车的养护与维修应符合下列规定：

1）检查桁车应定期检查，保持清洁、完好。

2）轨道与主梁的连接有松动时，应及时拧紧或维修。

3）检查桁车的行走系统、驱动系统、电气系统等，应根据生产厂家提供的使用说明书进行日常养护工作。

3　应保持桥塔内、箱梁内的照明系统处于正常工作状态。

4　爬梯、工作电梯、观光电梯应定期保养，包括除锈、涂漆、修理损坏的构件等。工作电梯、观光电梯应按生产厂家提供的有关规定或行业规定进行保养。

5　检查门应保持完好。

4.11.6　桥梁监测系统及其他附属设施，应保持完好，运行正常。

4.11.7　桥梁永久观测点应保持完好。

4.12　调治构造物的养护与维修

4.12.1　导流堤、丁坝、顺坝、格坝和透水坝等调治构造物应保持完好，出现基础淘空、塌陷或其他损毁时应及时修复。

4.12.2　汛期应及时清除调治构造物周边的漂流物。

4.12.3　发现调治构造物的位置不当，数量、长度不合理等，不能发挥正常作用时，应予改造。

4.12.4　因河道变迁、流向不稳定，或因桥梁上下游河道弯曲形成斜流、涡流，危及桥梁墩台、基础、桥头引道时，应因地制宜地增设调治构造物。

5 桥梁灾害防治与抢修

5.1 一般规定

5.1.1 应根据桥梁所处的水文地质条件、气象特征、运营条件,结合对桥梁的技术检查,综合分析评估桥梁的抗灾能力。

5.1.2 在汛期、台风、暴雪、冰冻等自然灾害频发期,应加强安全隐患排查。必要时应实施交通管制,并及时发布公告信息。桥区附近有落石、滑坡等自然灾害隐患时,应及时上报主管部门,并采取相应处治措施。

5.1.3 重要桥梁和易遭受灾害的桥梁,应制订应急预案,并配备必要的应急人员、抢修材料和机械设备。

5.1.4 桥梁受灾后,应全面检查桥梁各构件的受损情况,对可能发生断裂、坍塌及失稳的桥梁,应采取必要的临时支护措施。同时应安排车辆绕行,组织抢修便桥、便道,尽快恢复交通。

5.2 水毁防治与洪水期抢修

5.2.1 根据桥梁所在河流的地理位置、孔径大小、桥孔位置、桥下净空、基础埋深、墩台基础冲刷、河流与河床的稳定等情况,将公路桥梁防洪能力划分为强、可、弱、差四个等级。现场检查与测量后,按公路桥梁原有的技术等级进行检算评定,评定标准见表5.2.1。

表5.2.1 桥梁防洪能力评定标准

等级	评定标准
强	1. 桥下实际过水面积满足设计要求,桥下净空符合规定; 2. 桥孔位置合适,调治构造物设置合理、齐全; 3. 河床稳定; 4. 墩、台基础埋深足够,基底埋深安全值满足要求;浅基础已做防护,防护周边的冲刷深度小于设计冲刷深度; 5. 墩台无明显冲蚀、剥落

续表 5.2.1

等　级	评 定 标 准
可	1. 桥下实际过水面积基本满足设计要求,河道压缩小于10%,上部结构底面高程与梁底最低计算高程相同; 2. 桥孔位置略有偏置,设置了调治构造物,调治构造物有局部缺损; 3. 河床基本稳定; 4. 墩、台基础埋深基本满足要求,浅基础防护基本完好; 5. 墩、台有冲蚀、剥落,面积小于10%,深度小于20mm
弱	1. 桥下实际过水面积不满足设计要求,但不小于设计的80%,或河道压缩小于20%;上部结构底面高程基本与梁底最低计算高程相同; 2. 桥孔有偏置,调治构造物不齐全或有较大损坏; 3. 河床有冲刷; 4. 墩、台基础埋深安全值较低,浅基础防护损坏明显; 5. 墩、台有冲蚀、剥落、露筋,面积超过10%,钢筋锈蚀
差	1. 桥下实际过水面积小于设计的80%,或河道压缩超过20%;上部结构底面高程低于梁底最低计算高程; 2. 桥孔偏置;应设而未设调治构造物,或调治构造物严重损坏; 3. 河床不稳定,冲刷严重; 4. 墩、台基础埋深不够,浅基础无防护或防护被冲空面积超过20%; 5. 墩、台冲蚀、剥落严重,桩顶外露或有缩颈、露筋及钢筋锈蚀严重;砌体松动、脱落或变形

注:梁底最低计算高程是按现行《公路工程水文勘测设计规范》(JTG C30)计算出的桥面最低高程扣除桥梁上部结构建筑高度(包括桥面铺装厚度)后的高程。

5.2.2 应在汛期进行必要的水文观测,掌握洪水动态,并与当地气象、水文部门取得密切联系,及时收集洪水、雨水预报资料,或向沿河居民进行调查,了解洪水的发生、到达时间等,以判断对桥梁的危害程度。

5.2.3 每年汛期前应对公路桥梁做预防水毁的检查,检查应包括下列内容:

1　桥梁墩台、调治构造物、引道、护坡、挡墙结构是否完好,基础是否冲空或损坏。

2　桥下有无杂草、树枝、石块等杂物淤塞河道;桥位上、下游有无堆积物、漂浮物。

3　桥梁所处河道是否稳定,水流有无变化,桥梁下游是否发生冲刷。

4　挖砂、采石对桥位上、下游河道可能造成的破坏情况。

5　桥梁上游附近有无水库及其设计标准,是否存在安全隐患。

5.2.4 在汛期前应开展预防水毁的养护工作,并应符合下列规定:

1　对防洪能力评定为弱或差的桥梁,应根据情况于每年汛期前及时维修加固。

2　做好河道清淤。

3　维修、加固、改善或增设各类调治构造物及基础防护构造物。

4　采取适当措施,防止漂浮物大量进入桥孔。在漂浮物较多的河流,可在桥墩前一定距离设置防撞设施。

5 做好抢险物资和设备的准备。

5.2.5 在汛期应加强对桥梁的巡查。小的水毁应及时进行处理排除;发生严重毁坏,危及行车安全时,桥梁两端应及时设立警告标志或禁止通行标志,组织抢修并及时向上级报告。

5.2.6 洪水期的抢修与维修应符合下列规定:

1 监视漂浮物在桥下的通过情况,必要时应用钩杆等引导其顺利通过桥孔。对堵塞在桥下的漂浮物应及时移开或捞起。

2 洪水时,桥梁墩台、引道、护坡、锥坡发生冲刷,危及构造物安全时,应采取抛石、沉沙袋或柴排等紧急措施进行抢护。但不宜向上游河中直接抛填,以免减少泄水面积而增大冲刷。抛填块石时,可设置临时木溜槽,以控制抛填位置。

3 遇特大洪水,对采取抢险措施仍不能保障安全的重要桥梁,在紧急情况下,经上级主管部门批准,可采用炸药炸开桥头引道宣泄洪水,以保护主桥安全度汛。

5.2.7 便道、便桥的设置应符合下列规定:

1 便桥、便道选址应充分考虑周边交通情况,减少工程量,满足防洪要求,且不影响恢复原桥或新建桥梁的施工等因素。

2 便道、便桥设置应因地制宜、施工方便,利于快速建成。

3 在宽滩性河流上修筑便道、便桥时,可采用漫水式,必要时应对便道上、下游边坡作防冲处理。

4 便桥宜采用结构简易的小跨径桥型,必须满足承载能力和泄洪能力的要求。

5 便道、便桥宽度可根据通行要求确定,不宜小于4.5m。

6 漫水便道、便桥应设置鲜明的警示水位标志,限速、限载标志,行车道宽度标志。

7 应加强对便道、便桥的日常使用维护,及时修复损毁,保证交通。

5.2.8 洪水过后,应及时清理河床上的漂浮物和沉积物,使水流顺畅。

5.3 冰害防治

5.3.1 应提前做好桥面积冰、积雪预防措施和抢修方案,并应符合下列规定:

1 宜采用人工、机械及时清除桥面积冰、积雪;不宜使用氯盐类融雪剂,若在应急抢险中短时使用,应及时清洗桥面,有条件时,可采用环保型融雪剂等化学除雪方法。

2 清除的冰雪不宜堆放在桥面两侧,暂时堆放的应及时移除。

3 不能及时清除桥面积冰、积雪的桥梁,应撒铺防滑材料(如粗砂或灰渣),增强桥面抗滑能力。

4 处于弯道、陡坡路段的桥梁宜设置积冰、积雪警示或预告标志,减低车速、保障安全。

5.3.2 对桥下河床积冰或流冰，可采取下列截流或防冻疏流等工程措施进行分类治理：

1 容易造成冰拥阻塞的山区小桥涵，可加强结冰期排水工作，及时进行河道疏导，保障畅通。

2 河流水源不大，入冬后河面结冰，且冰面上升造成桥孔被堵或在路上形成冰坝的桥梁，桥梁上游有大片低洼地时，可用土坝截流。

3 河床纵坡不大的河流，可于入冬初在桥位下游修筑土坝，使桥梁上、下游约50m范围形成水池。水面结冰坚实后，在水池上游开挖人字形冰沟，同时在下游河床最深处挖开土坝，排干池内存水，保持上下游进、出水口不被堵塞，使水从冰层下流走。

4 可在桥位上、下游各30~50m的水道中部顺流开挖冰沟，用树枝、柴草等覆盖保温，并经常进行检查维护，使冰沟不被冻塞，解冻开始时将其拆除。

5.3.3 春季解冻时，对桥下河流易形成冰凌的桥梁，应加强流冰期检查、观测和养护，可采取下列方法对冰凌进行处治：

1 解冻前，对桥梁上游河道中的冰层及其厚度进行调查、探测，应备足抢护材料、工具和照明设备。

2 解冻临近时，可做下列准备工作：

1）在桥位下游用人工或爆破方法开挖冰池，开挖长度为河面宽的1~2倍，宽度为河面宽的1/3~1/4，并不小于最大桥跨。

2）冰池下游一定范围内开挖不小于0.5m宽的纵、横向冰沟，冰块很厚可能有强流冰发生时，可在桥墩四周开挖出宽0.5m的冰槽。

3）对冰池、冰沟应经常检查，有冻结时应反复捣开。

3 流冰临近时，应及时破碎上游冰层，对较大的流冰体，可在上游用炸药破碎。

4 气温突变河流解冻产生大量流冰，可能对桥梁墩、桩柱、台和导流坝产生冲击，或大量冰排聚结在桥梁附近可能阻塞河道时，应及时进行冰凌爆破，送走冰排。

5 积冰严重时，应在下游及时疏导冰块。

5.3.4 春季流冰持续时间长，冰凌体积大且流速快的桥梁，可考虑对其墩台进行加固处理，增强其抗撞击能力；未设破冰棱体的宜增设。

5.3.5 易形成涎流冰的沟谷桥涵，宜增设保温盲沟或在桥涵进口处设置聚冰坑，防止涎流冰堵塞桥涵或拥上桥面，桥涵上游沟谷可根据条件设置挡冰栅栏。

5.4 冻害防治

5.4.1 位于寒冷地区的桥梁，墩台及调治构造物基础因埋置深度不足出现的基础冻胀、融沉、桩基冻拔、翼墙开裂等病害，应通过维修加固或改建使其满足需要。

5.4.2 混凝土或圬工结构因冻融循环作用引起的损伤,宜采取下列防治措施:

1 冬季来临前,保持桥面铺装完好,桥面及梁体排水通畅、无积水。

2 可采取包裹沥青毡、镶面或表层涂层等措施,提高混凝土防撞墙、护栏底座、护轮带等桥面系混凝土的抗盐蚀性及抗冻性。

3 可采取外包高抗冻性混凝土或钢板、表层涂层等措施,提高水位变动区墩台抗冰冻能力。

4 及时修补水位变动区的混凝土结构裂缝、圬工结构脱落的砂浆勾缝,或将圬工结构改造为抗冻耐久性更好的混凝土结构。

5.4.3 防治融沉宜采用保温覆盖法,对已发生轻微融沉的桥梁,应在融化前采取隔热保冻措施。

5.4.4 冻胀病害防治可采取下列措施:

1 可采取基侧换填抗冻胀性能较好的砂砾等材料,或改善基础侧面光滑程度等措施,减小扩大基础的侧面冻结力。

2 可采用将冻土层内的桩壁加分离式套管的方法防治桩基础冻胀。

3 受冲刷影响底面部分或全部处于河床冻胀土层内的桩基承台,可采取加固或减小冻胀力等措施,避免不均匀冻胀对承台造成的剪切破坏。

5.4.5 桥台水平冻害防治可采取下列措施:

1 可利用增设锚杆、锚定板来平衡水平冻胀力,或将八字墙与前墙连成整体,采取增加台身配筋等技术措施增强桥台抵抗冻胀能力。

2 可采取换填、加强排水和保温等措施减小台后水平冻胀力。在台背换填非冻胀的砂砾时,在台背增设排水盲沟并在台背和路面下层铺设保温材料。

5.5 泥石流防治

5.5.1 在汛期前,应根据桥涵所在泥石流区的地质状况及强降雨天气预报,评估泥石流可能对桥涵产生的影响,并采取必要的应对措施。

5.5.2 泥石流灾害处治措施,应根据泥石流沟的地形、地质状况、沟槽宽度及坡度、泥石流性质、流势,以及泥石流对桥涵危害程度等因素综合考虑,可采取下列措施:

1 位于频繁发生较大的黏性泥石流区及规模较大的稀性泥石流区的桥梁,可改线绕避。

2 跨越稀性泥石流或水流中含砂石较多河沟的涵洞,可增加涵洞跨径或改涵为桥。

3 在泥石流形成区,可采取截水、排水并结合支挡等工程措施控制水土流失和防止滑坍发生。

4 在泥石流经过区,可在过流沟道内采取护底及护坡措施;在储淤条件较好处,可修建拦挡坝或停淤场。

5.5.3 在强降雨期间,应加强对可能受泥石流影响的特大桥、大桥的监测。

5.5.4 泥石流发生时,应对受影响的桥涵及时封闭交通。

5.5.5 泥石流发生后,应及时对桥涵进行检查。发现桥涵存在冲毁、淤积等破坏情况时,应及时处治。

5.6 震害防治

5.6.1 处于抗震设防烈度为Ⅶ度及Ⅶ度以上地区未经过抗震设计的既有桥梁或因使用环境发生变化影响抗震性能的桥梁,应进行桥梁抗震性能评价。

5.6.2 桥梁的抗震性能评价工作应包括下列内容:

1 收集桥梁的基础资料、运营管理资料、检查资料、养护维修资料、特殊情况资料等。

2 现场核查前期收集资料是否符合桥梁实际情况,重点关注相关结构构件的技术状况,必要时进行现场检测,补充实测数据。

3 根据抗震设防类别、抗震设防烈度和桥梁相关结构、构件技术状况及构造措施,对桥梁构造细节和抗震措施进行评价。

4 结合工程地质、水文地质资料,对桥位场地进行评价。

5 根据抗震设防类别、抗震设防烈度、抗震设防水准和设防目标进行抗震分析和抗震验算,对结构、构件承载力和变形能力进行评价。

6 对桥梁结构整体抗震性能作出评价并提出处治意见。

7 编制桥梁抗震性能评价报告。

5.6.3 根据抗震性能评价结果,对未设置抗震设施的桥梁结构,应增设抗震设施;需进行抗震加固的桥梁,加固措施应符合国家和行业现行有关标准的规定。

5.6.4 桥梁抗震设施的养护与维修应符合下列规定:

1 桥梁抗震设施应保持清洁、完好。震后应及时检查抗震设施的工作状态。

2 混凝土抗震设施出现裂缝、混凝土剥落及混凝土破碎等病害时,应及时进行修补或更换。

3 抗震缓冲材料出现变形、损坏、腐蚀、老化等病害时,应及时更换。

4 抗震紧固件、连接件松动和残缺时,应及时紧固或补齐,并涂刷防锈涂层。
5 桥梁横、纵向联结和限位的拉索,应完好、有效;发现松动时,应及时紧固。

5.6.5 震后应及时对桥涵进行安全隐患排查,评估桥梁是否满足车辆通行要求;对存在安全隐患的桥梁应进行维修整治,必要时可采取应急加固措施。

5.7 火灾防治

5.7.1 火灾预防应符合下列规定:
1 应及时清理桥梁及附近的可燃物。
2 产权单位应定期检查维修依附于桥梁上的管线设施,避免因设施故障引发火灾。
3 易燃易爆危险品运输车辆通过桥梁时,应遵照有关规定进行管理。

5.7.2 火灾处治应符合下列规定:
1 发生火灾时,应立即启动应急预案,实施交通管制,组织灭火并及时报告。灭火方式应结合火源、火势与结构物的特点合理选择。
2 桥梁过火后,应及时进行特殊检查与损伤评估,并采取相应的处治措施。

5.8 车辆、船舶、漂浮物撞击及山体落石的防治

5.8.1 车辆撞击预防应符合下列规定:
1 桥下净空不满足使用要求时,应采取措施防止车辆撞击桥梁。
2 跨线桥可设置主梁及墩台的防撞保护设施,防撞设施不得压缩行车道空间。
3 跨线桥的墩柱及侧墙端面应定期涂刷立面标记,并保持颜色鲜明。
4 被交路设置的限高门架,应设置明显的限高标志牌。

5.8.2 船舶、漂浮物撞击预防应符合下列规定:
1 对跨越航道的桥梁,宜设置相应的助航及防撞设施,防撞设施不应压缩通航净空。
2 桥下净空不满足通航要求时,宜采取措施防止船舶撞击桥梁。
3 为防止桥梁墩台被漂浮物撞击,可在桥墩上游设置必要的防撞设施。
4 防撞设施可采用钢管桩、钢浮围、缆索等,并设置醒目的警示标识。

5.8.3 落石防治应符合下列规定:
1 经常检查时,应对桥位附近有落石隐患的边坡进行排查。
2 桥位处于落石频发区域时,宜采取必要的防护、监测及警示措施。
3 桥址区域边坡防护应因地制宜,采取主动防护、被动防护或二者结合的防护措施。

5.8.4 撞击后，在移除车、船、落石过程中，应避免对桥梁的二次损伤。

5.8.5 车辆、船舶、漂浮物撞击及山体落石损伤桥梁后，应及时进行特殊检查与损伤评估，并采取相应的处治措施。

6 超重车辆过桥

6.1 一般规定

6.1.1 超重车辆通过桥梁,应采取必要的技术措施和管理措施。

6.1.2 超重车辆过桥的技术措施应符合下列规定:

1 应依据现场调查结果和桥梁技术资料,按超重车辆的实际荷载,对桥梁结构进行强度、刚度、稳定性验算。

2 必要时应进行荷载试验,以判定桥梁的承载能力。

3 对不能满足通行需要的桥梁,应进行加固处治。

4 有多条线路可通行时,应选取桥梁技术状况好、承载能力高、加固工程费用较低的路线通过。

6.2 结构检算及荷载试验

6.2.1 搜集结构检算所需的技术资料,应包括下列内容:

1 超重车辆技术参数;

2 桥梁设计、竣工文件及养护、维修、改建资料;

3 其他试验检测资料;

4 现场核对记录;

5 对无竣工资料或出现缺损的桥梁,应以能反映桥梁实际状况的检测结果为计算依据。

6.2.2 结构检算应针对可能受到超重车辆荷载影响的桥梁构件或部件,包括上、下部结构承重构件及基础进行检算。检算时应选取符合实际的计算图式,采用安全可靠的计算参数和计算方法。

6.2.3 结构检算和检查结果不足以对超重车辆过桥安全性做出判定时,可进行荷载试验。试验荷载应与超重车辆通过的状况相近,必须分级加载。

6.2.4 应对结构检算结果或荷载试验结论进行综合分析,判断桥梁承载能力能否满足超重车辆过桥需要。

6.3 超重车辆过桥的技术措施

6.3.1 桥梁承载力不能满足超重车辆通行需要时,应对其不足的部分如上部结构、下部结构、地基以至全桥采取安全适用、技术可靠、经济合理的加固措施。特大桥或特殊结构桥梁的加固宜提出两个以上加固方案进行经济技术比较。

6.3.2 采取临时加固措施时,根据计算结果和评估结论,应优先采取易于实施及拆除、构件可回收利用的临时措施。

6.3.3 采取永久加固措施时,可与桥梁的技术改造及提高荷载等级一并论证实施。加固措施、施工方法、工艺、流程应充分考虑结构倾覆、失稳、沉陷、滑动或坍塌的可能性,确保安全。

6.4 超重车辆过桥的技术管理

6.4.1 超重车辆过桥前,应根据承载能力评定的结果,制订过桥方案。过桥方案应包括下列内容:

1 过桥前的巡视检查;
2 过桥时间的制定;
3 指定超重车辆行驶位置和行驶线路;
4 确认牵引车和平板挂车轮距及轴重;
5 人员配备;
6 交通管制措施;
7 现场监控方案;
8 应急预案。

6.4.2 超重车辆过桥时,应符合下列规定:

1 超重车辆应沿桥梁结构的中心线行驶。
2 车辆以不大于 5km/h 的速度匀速行驶。
3 严禁在桥上制动、变速、停留。
4 不得有其他车辆同时过桥。

6.4.3 不宜在洪水、暴雨、大风等时段组织超重车辆过桥。

6.4.4 超重车辆过桥时,应现场观测记录桥梁位移、变形、裂缝变化。必要时,还应观测应变、反力、索力等力学参数。

6.4.5 超重车辆过桥后,应及时检查桥梁主要受力构件的技术状况,发现病害及时处治。

7 涵洞检查、养护与维修

7.1 一般规定

7.1.1 涵洞的养护应符合下列规定：

1 功能正常、排水顺畅、排放适当。

2 各构件及附属结构完好。

3 涵洞表面清洁、不漏水。

7.1.2 涵洞养护工作内容应包括经常检查和定期检查，日常养护、维修、加固与改建。

7.1.3 涵洞需开挖维修加固时，必须按现行《公路养护安全作业规程》(JTG H30)的要求实施作业。

7.2 涵洞检查

7.2.1 经常检查应符合下列规定：

1 经常检查每季度不少于1次，在汛期及冰雪前后应加大检查频率。

2 经常检查采用目测方法，也可配以简单工具进行测量，现场填写"涵洞经常检查记录表"(附录F)，记录所检查项目的缺损类型，估计缺损范围及养护工作量，提出相应的小修保养措施，为编制辖区内涵洞养护工作计划提供依据。

3 经常检查内容包括：

1) 进、出水口铺砌、翼墙、护坡、挡水墙、沉沙井、跌水、急流槽等是否完整。

2) 进、出水口是否堵塞，沉沙井有无淤积，洞内有无淤塞及排水不畅。

3) 洞口周围是否有杂物堆积，涵洞是否清洁、渗漏水。

4) 高填土涵洞的路基填土是否稳定、是否沉降。

5) 涵洞结构各构件是否有损坏。

6) 交通标志及涵洞其他附属构造是否完好。

7) 其他明显的损坏或病害。

4 经常检查中发现有排水不畅或有构件明显损坏需要进行维修时，应做好记录并及时报告。

7.2.2 定期检查应符合下列规定:

1 涵洞的定期检查周期不得超过3年,特殊结构及特别重要的涵洞每年检查不少于1次。新建、改建涵洞交付使用两年内,应进行第一次全面检查。经常检查发现存在较大损坏时,应立即安排定期检查。

2 定期检查以目测观察结合仪器观测进行,应接近各部件仔细检查其缺损情况。定期检查的主要工作有:

1) 现场校核涵洞基本数据,填写或补充完善“涵洞基本状况卡片”(附录G)。

2) 现场填写“涵洞定期检查记录表”(附录H),记录各部件缺损状况。

3) 判断病害原因,确定维修范围及方式。

4) 进行涵洞技术状况评定,提出下次检查时间建议。

5) 对损坏严重、危及安全运营的涵洞,提出限制交通、维修加固或改建的建议。

3 定期检查应包括下列内容:

1) 检查涵洞的过水能力,包括涵洞的位置是否适当,孔径是否足够,涵底纵坡是否合适。

2) 进、出水口铺砌、翼墙、护坡、挡水墙、沉沙井、跌水、急流槽等是否完整,洞口连接是否平整顺适,排水是否顺畅。

3) 涵体侧墙或台身是否渗漏水、开裂、变形或倾斜,墙身砌缝砂浆是否脱落,砌块是否松动,基础是否冲刷淘空。

4) 涵身顶部的盖板、顶板或拱顶是否开裂、漏水、变形下挠,砌缝砂浆是否脱落,砌块是否松动、脱落。

5) 涵底是否淤塞阻水,涵底铺砌是否开裂、沉降、隆起或缺损。

6) 洞口附近填土是否有渗水、冲刷、空洞,填土是否稳定。

7) 涵洞顶路面是否开裂、沉陷、存在跳车现象。

8) 交通标志及涵洞其他附属设施是否损坏、失效。

4 涵洞定期检查可按表7.2.2,并结合检查人员经验,对涵洞的技术状况综合做出好、较好、较差、差、危险五个级别的技术状况评定,提出日常养护、维修、加固、改建等建议。

表7.2.2 涵洞技术状况评定标准

技术状况评定等级	涵洞技术状况描述
好	各构件及附属结构完好,使用正常
较好	主要构件有轻微缺损,对使用功能无影响
较差	主要构件有中等缺损,病害发展缓慢,尚能维持正常使用功能
差	主要构件有大的缺损,严重影响涵洞使用功能;或影响承载能力,不能保证正常使用
危险	主要构件存在严重缺损,不能正常使用,危及涵洞结构安全

7.2.3 涵洞定期检查后应提交下列文件:

1 本次检查涵洞清单。

2　涵洞基本状况卡片(附录 G)、涵洞定期检查记录表(附录 H)、涵洞技术状况评定表。

3　典型缺损和病害的照片及说明。缺损状况的描述应采用专业标准术语,说明缺损的部位、类型、性质、范围、数量和程度等。

4　两张总体照片。一张上游侧立面照片,一张下游侧立面照片。

5　定期检查报告应包括下列内容:

1)辖区内所有被检查涵洞的技术状况评定等级及日常养护情况,可按路线编号进行统计或按涵洞结构类型进行统计。

2)需要维修加固或改建的涵洞,说明维修的项目、拟采用的维修方案、预估费用和建议实施时间。

3)需进行交通管制的涵洞的建议报告。

7.3　涵洞日常养护

7.3.1　应保持洞口清洁无杂物,洞内排水畅通,发现淤塞或积雪、积冰应及时疏通和清除。

7.3.2　涵底铺砌、洞口上下游路基护坡、引水沟、汇水槽、沉沙井等发生变形或出现破损时,应及时修理或封塞填平。

7.3.3　对在进水口设置沉沙井和出水口为跌水构造的涵洞,应适时检查其是否损坏、与洞口是否结合成整体。有损坏或发现裂隙甚至脱离时,应及时修复,使水流畅通。

7.3.4　沉降缝或连续缝止水带应保持完好,有破损时应及时更换。

7.3.5　洞内排水明沟每周应清扫一次,排水暗沟每季度应疏通一次。

7.3.6　采用机械排水的涵洞,应保持排水泵、阀、排水管道及其他设备功能完好、运转正常,并作定期检修。

7.3.7　设有照明设施的涵洞,应保持照明设备处于完好状态,照明灯具和输电线路有损坏时应及时更换、维修。

7.3.8　通行车辆的涵洞应设置明显的限高标志并保持完好。涵洞端面应涂设立面标记,并保持颜色鲜明,定期涂刷。

7.3.9　波纹管防护涂层剥落、波纹管锈蚀应及时维修。

7.4 涵洞维修

7.4.1 涵洞圬工砌体表面出现局部风化、开裂、灰缝剥落,局部砌块松动、脱落,或砌体渗漏水时,应及时维修。

7.4.2 钢筋混凝土结构涵洞,其开裂、露筋、混凝土剥落等常见病害的处治措施与桥梁一致,应按相关技术标准、规范、规程要求进行维修加固。

7.4.3 混凝土管涵的接头或铰缝处发生填缝料脱落,引起渗水时,应及时维修。

7.4.4 涵洞渗漏水严重时应及时处治。

7.4.5 涵洞进、出水口处冲刷严重时应及时处治。

7.4.6 涵洞经常发生泥沙淤积时,宜在进水口设沉沙井。

7.4.7 管涵的管节因基础沉陷而发生严重错裂时应及时处治。

7.4.8 局部损坏或承载能力不足的涵洞应及时维修加固,保障通行安全。

8 技术管理

8.1 一般规定

8.1.1 公路桥涵养护应加强技术管理,严格遵守和贯彻执行有关公路桥涵技术标准、规范和规程,建立健全桥涵养护技术管理制度,健全桥涵检查评定成果验收和养护工程决策、设计、施工、验收及后评价机制,提升公路桥涵养护质量和服务水平。

8.1.2 公路桥涵养护技术管理内容应包括技术档案管理、数据库管理、信息化管理等。

8.1.3 应遵循“统一管理、分级负责”的原则,建立健全桥涵技术档案管理制度,规范桥涵技术档案管理工作。

8.1.4 应按《公路桥梁养护管理工作制度》要求,配备专职人员负责桥涵养护技术管理工作,应配置桥梁养护设备、仪器以及信息管理需要的计算机软硬件系统、网络设施以及数据采集等设备。

8.1.5 中桥及以上桥梁应设置信息公开牌,并实现“一桥一牌”。桥梁信息公开内容应包括桥名、线路编号、路线名称、桥型、中心桩号、养护单位、管理单位、监管单位、联系方式等。

8.2 技术档案管理

8.2.1 公路桥梁技术档案应齐全,具体内容包括桥梁基础资料、管理资料、检查资料、养护维修资料、特殊情况资料等。

8.2.2 技术档案资料应以文字、图片、图纸、音频或视频等形式进行存储和管理。

8.2.3 技术档案的管理和归档应以单个桥梁为单位,建立“一桥一档”的档案管理模式。

8.2.4 宜积极稳妥地采用先进的技术手段,逐步实现技术档案的电子化管理。

8.2.5 对新建桥梁,接养单位应参与交(竣)工验收工作。桥梁建设单位应向接养单位移交桥梁基础资料,并协同做好接养工作。

8.2.6 基本资料缺失的桥梁,应根据历年检查、养护资料,逐步建立和完善其技术档案。必要时,可专门安排有针对性的检查、试验或特殊检查,补充、完善桥梁技术资料。

8.3 数据库管理

8.3.1 桥涵管理应建立规范的桥涵数据库。

8.3.2 桥涵数据库的内容应包含桥涵静态数据和动态数据。桥涵静态数据包括桥涵基本信息、空间信息、技术指标、结构信息以及档案信息等,动态数据包括桥涵的技术状况和养护历史信息(包括病害信息、检查以及维修信息等)等。

8.3.3 桥涵数据库的信息应准确反映桥涵的实际状况,应根据检查、预防养护、修复养护、加固改造或重建等情况及时更新。

8.3.4 应建立完善的数据采集和管理制度,保证桥涵数据库中数据的及时性和有效性。

8.3.5 桥涵数据库应采用电子化存储与管理。

8.4 信息化管理

8.4.1 以桥涵数据库为基础,构建桥涵养护信息化平台,建立动态的评价和预警体系,实现桥涵养护管理的科学决策。

8.4.2 应设立专人负责养护信息化管理平台的建设、运行与维护等管理工作。

8.4.3 利用信息技术和科技手段,建立桥涵养护决策分析系统,实现桥涵养护的可视化管理、辅助决策分析和桥涵养护业务的信息化管理。

8.4.4 建立健全桥涵建设、管理、养护全生命周期的数据集成和信息共享,提高信息的利用率。加强历史数据的分析和研究,为桥涵的养护管理提供决策支持。

附录 A 桥梁基本状况卡片

表 A 桥梁基本状况卡片

A	桥梁所处行政区划代码:							
B	行政识别数据							
1	路线编号		2	路线名称		3	路线等级	
4	桥梁编号		5	桥梁名称		6	桥位桩号	
7	功能类型	(公路、公铁两用)	8	被跨越道路(通道)名称		9	被跨越道路(通道)桩号	
10	设计荷载		11	桥梁坡度		12	桥梁平曲线半径	
13	建成时间		14	设计单位		15	施工单位	
16	监理单位		17	业主单位		18	管养单位	
C	桥梁技术指标							
19	桥梁全长(m)		20	桥面总宽(m)		21	车道宽度(m)	
22	人行道宽度(m)		23	护栏或防撞墙高度(m)		24	中央分隔带宽度(m)	
25	桥面标准净空(m)		26	桥面实际净空(m)		27	桥下通航等级及标准净空(m)	
28	桥下实际净空(m)		29	引道总宽(m)		30	引道线形或曲线半径(m)	
31	设计洪水频率及其水位		32	历史洪水位		33	设计地震动峰值加速度系数	
34	桥面高程(m)	(根据测点设置列数)						
D	桥梁结构信息							
35	桥梁分孔(m)	[根据孔数(号)设置列数]						
36	结构体系	(根据种类设置列数)						

续表 A

D 桥梁结构信息			
上部结构形式与材料	37	主梁	
	38	主拱圈	
	39	桥(索)塔	
	40	拱上建筑	
	41	主缆	
	42	斜拉索(含索力)	(根据索数设置列数)
	43	吊杆(含索力)	(根据吊杆数设置列数)
	44	系杆(含索力)	(根据系杆数设置列数)
桥面系形式与材料	45	桥面铺装	
	46	伸缩缝	(根据孔数设置列数)
	47	人行道、路缘	
	48	栏杆、护栏	(根据部位不同设置列数)
	49	照明、标志	
下部结构形式与材料	50	桥台	(根据桥台数设置列数)
	51	桥墩	(根据桥墩数设置列数)
	52	锥坡、护坡	
	53	翼墙、耳墙	
基础形式与材料	54	基础	
	55	锚碇	(根据锚碇数设置列数)
支座形式、材料与附属设施	56	支座	
	57	桥梁防撞设施	
	58	航标及排水系统	
	…	…	
	59	调治构造物	

续表 A

E　桥梁档案资料								
60	设计图纸	（全、不全或无）	61	设计文件	（全、不全或无）	62	竣工图纸	（全、不全或无）
63	施工文件 （含施工缺陷处理）	（全、不全或无）	64	验收文件	（全、不全或无）	65	行政审批文件	（全、不全或无）
66	定期检查资料	（全、不全或无）	67	特殊检查资料	（全、不全或无）	68	历次维修、加固资料	（全、不全或无）
69	其他档案	（如计算书、专题研究报告、地质水文勘测报告等相关文件）	70	档案形式	（纸质、电子文件）	71	建档时间（年/月）	

F　桥梁检测评定历史（根据需要设置行数）				
72	73	74	75	76
评定时间	检测类别	桥梁技术状况评定结果/特殊检查结论	处治对策	下次检测时间

G　养护处治记录（根据需要设置行数）										
77	78	79	80	81	82	83	84	85	86	87
时间（段）	处治类别（维修、加固、改造）	处治原因	处治范围	工程费用（万元）	经费来源	处治质量评定	建设单位	设计单位	施工单位	监理单位

续表 A

H 需要说明的事项(含桥梁管养单位的变更情况)								
88								
I 其他								
89	桥梁总体照片	(照片)	90	桥梁正面照片	(照片)			
91	桥梁工程师		92	填卡人		93	填卡日期	年 月 日

附录 B　桥梁初始检查记录表

表 B　桥梁初始检查记录表

（公路管理机构名称）					
1　路线编号		2　路线名称		3　桥位桩号	
4　桥梁编号		5　桥梁名称		6　被跨越道路（通道）名称	
7　被跨越道路（通道）桩号		8　桥梁全长（m）		9　最大跨径（m）	
10　上、下部结构形式					
11　桥梁分联及跨径组合					
12　桥梁施工方法					
13　新建桥梁在施工过程中的返工、维修或加固情况					
14　加固改造后的桥梁，加固改造情况					
15　档案资料不齐全的桥梁，维修加固情况					
16　设计单位名称		17　施工单位名称			
18　管养单位名称		19　交工时间（年　月　日）			
20　初始检查（年　月　日）		21　初始检查时的气候及环境温度			
22　桥面高程					
23　拱轴线					
24　主缆线形					
25　墩、台身、锚碇的高程					
26　墩、台身、索塔倾斜度					
27　索塔水平变位、高程					
28　拱桥桥台、悬索桥锚碇水平位移					
29　悬索桥索夹螺栓紧固力					

续表 B

（公路管理机构名称）			
30　水中基础			
31　斜拉索或吊杆索力			
32　主要承重构件尺寸			
33　材质强度			
34　保护层厚度			
35　钢管混凝土管内混凝土密实度			
36　静载试验结果			
37　动载试验结果			
38　记录人		39　桥梁工程师	
40　桥梁初始检查机构			

附录C 桥梁定期检查记录表

表C-1 桥梁定期检查记录表(梁式桥)

公路管理机构名称:					
1 路线编号		2 路线名称		3 桥位桩号	
4 桥梁编号		5 桥梁名称		6 被跨越道路名称	
7 桥梁全长(m)		8 主跨结构		9 最大跨径(m)	
10 管养单位		11 建成时间		12 上次修复养护时间	
13 上次检查时间		14 本次检查时间		15 本次检查时气候及环境温度	

序号	16 部位	17 部件名称	18 评分	19 缺损					20 养护建议(维修范围、方式、时间)	21 是否需特殊检查
				类型	位置	范围	照片	最不利构件		
1	桥面系	桥面铺装								
2		伸缩装置								
3		排水系统								
4		人行道								
5		栏杆、护栏								
6		照明、标志								
7		桥路连接处								
8	上部结构	主要承重构件								
9		一般构件								
10	下部结构	桥墩及基础								
11		桥台及基础								
12		翼墙、耳墙								
13		锥坡、护坡								
14	支座									
15	附属设施	防撞设施								
16		防雷设施								
17		防抛网、声屏障								
18		检修设施								
19		监测系统、永久观测点								
20	调治构造物									
21	其他									

22 桥梁技术状况评定等级		23 全桥清洁状况		24 预防及修复养护状况	
25 记录人		26 负责人		27 下次检查时间	

表 C-2　桥梁定期检查记录表(板拱桥、肋拱桥、箱形拱桥、双曲拱桥)

公路管理机构名称：					
1　路线编号		2　路线名称		3　桥位桩号	
4　桥梁编号		5　桥梁名称		6　被跨越道路名称	
7　桥梁全长(m)		8　主跨结构		9　最大跨径(m)	
10　管养单位		11　建成时间		12　上次修复养护时间	
13　上次检查时间		14　本次检查时间		15　本次检查时气候及环境温度	

序号	16　部位	17　部件名称	18　评分	19　缺损					20　养护建议(维修范围、方式、时间)	21　是否需特殊检查
				类型	位置	范围	照片	最不利构件		
1	桥面系	桥面铺装								
2		伸缩装置								
3		排水系统								
4		人行道								
5		栏杆、护栏								
6		照明、标志								
7		桥路连接处								
8	上部结构	主拱圈								
9		拱上结构								
10		桥面板								
11	下部结构	桥墩及基础								
12		桥台及基础								
13		翼墙、耳墙								
14		锥坡、护坡								
15	附属设施	防撞设施								
16		防雷设施								
17		防抛网、声屏障								
18		检修设施								
19		监测系统、永久观测点								
20	调治构造物									
21	其他									

22　桥梁技术状况评定等级		23　全桥清洁状况		24　预防及修复养护状况	
25　记录人		26　负责人		27　下次检查时间	

表 C-3　桥梁定期检查记录表（刚架拱桥、桁架拱桥）

公路管理机构名称：					
1　路线编号		2　路线名称		3　桥位桩号	
4　桥梁编号		5　桥梁名称		6　被跨越道路名称	
7　桥梁全长(m)		8　主跨结构		9　最大跨径(m)	
10　管养单位		11　建成时间		12　上次修复养护时间	
13　上次检查时间		14　本次检查时间		15　本次检查时气候及环境温度	

序号	16　部位	17　部件名称	18　评分	19　缺损					20　养护建议（维修范围、方式、时间）	21　是否需特殊检查
				类型	位置	范围	照片	最不利构件		
1	桥面系	桥面铺装								
2		伸缩装置								
3		排水系统								
4		人行道								
5		栏杆、护栏								
6		照明、标志								
7		桥路连接处								
8	上部结构	拱片								
9		横向联结系								
10		桥面板								
11	下部结构	桥墩及基础								
12		桥台及基础								
13		翼墙、耳墙								
14		锥坡、护坡								
15	附属设施	防撞设施								
16		防雷设施								
17		防抛网、声屏障								
18		检修设施								
19		监测系统、永久观测点								
20	调治构造物									
21	其他									

22　桥梁技术状况评定等级		23　全桥清洁状况		24　预防及修复养护状况	
25　记录人		26　负责人		27　下次检查时间	

表 C-4 桥梁定期检查记录表(钢-混凝土组合拱桥)

公路管理机构名称:					
1 路线编号		2 路线名称		3 桥位桩号	
4 桥梁编号		5 桥梁名称		6 被跨越道路名称	
7 桥梁全长(m)		8 主跨结构		9 最大跨径(m)	
10 管养单位		11 建成时间		12 上次修复养护时间	
13 上次检查时间		14 本次检查时间		15 本次检查时气候及环境温度	

序号	16 部位	17 部件名称	18 评分	19 缺损					20 养护建议(维修范围、方式、时间)	21 是否需特殊检查
				类型	位置	范围	照片	最不利构件		
1	桥面系	桥面铺装								
2		伸缩装置								
3		排水系统								
4		人行道								
5		栏杆、护栏								
6		照明、标志								
7		桥路连接处								
8	上部结构	拱肋								
9		横向联结系								
10		吊杆								
11		立柱								
12		系杆								
13		桥面板								
14		支座								
15	下部结构	桥墩及基础								
16		桥台及基础								
17		翼墙、耳墙								
18		锥坡、护坡								
19	附属设施	防撞设施								
20		防雷设施								
21		防抛网、声屏障								
22		检修设施								
23		监测系统、永久观测点								
24	调治构造物									
25	其他									

22 桥梁技术状况评定等级		23 全桥清洁状况		24 预防及修复养护状况	
25 记录人		26 负责人		27 下次检查时间	

表 C-5　桥梁定期检查记录表(斜拉桥)

公路管理机构名称:					
1　路线编号		2　路线名称		3　桥位桩号	
4　桥梁编号		5　桥梁名称		6　被跨越道路名称	
7　桥梁全长(m)		8　主跨结构		9　最大跨径(m)	
10　管养单位		11　建成时间		12　上次修复养护时间	
13　上次检查时间		14　本次检查时间		15　本次检查时气候及环境温度	

序号	16　部位	17　部件名称	18　评分	19　缺损					20　养护建议(维修范围、方式、时间)	21　是否需特殊检查
				类型	位置	范围	照片	最不利构件		
1	桥面系	桥面铺装								
2		伸缩装置								
3		排水系统								
4		人行道								
5		栏杆、护栏								
6		照明、标志								
7		桥路连接处								
8	上部结构	主梁								
9		斜拉索系统(斜拉索、锚具、拉索护套、减振装置等)								
10		索塔								
11		支座								
12	下部结构	桥墩及基础								
13		桥台及基础								
14		翼墙、耳墙								
15		锥坡、护坡								
16	附属设施	防撞设施								
17		防雷设施								
18		防抛网、声屏障								
19		检修设施								
20		监测系统、永久观测点								
21	调治构造物									
22	其他									

22　桥梁技术状况评定等级		23　全桥清洁状况		24　预防及修复养护状况	
25　记录人		26　负责人		27　下次检查时间	

表 C-6 桥梁定期检查记录表(悬索桥)

公路管理机构名称:					
1 路线编号		2 路线名称		3 桥位桩号	
4 桥梁编号		5 桥梁名称		6 被跨越道路名称	
7 桥梁全长(m)		8 主跨结构		9 最大跨径(m)	
10 管养单位		11 建成时间		12 上次修复养护时间	
13 上次检查时间		14 本次检查时间		15 本次检查时气候及环境温度	

序号	16 部位	17 部件名称	18 评分	19 缺损					20 养护建议(维修范围、方式、时间)	21 是否需特殊检查
				类型	位置	范围	照片	最不利构件		
1	桥面系	桥面铺装								
2		伸缩装置								
3		排水系统								
4		人行道								
5		栏杆、护栏								
6		照明、标志								
7		桥路连接处								
8	上部结构	加劲梁								
9		索塔								
10		主缆								
11		索鞍								
12		索夹								
13		吊杆系统(吊杆、锚具、护套)								
14	下部结构	锚碇								
15		墩身及基础								
16		散索鞍								
17		锚杆								
18		桥台及基础								
19		翼墙、耳墙								
20		锥坡、护坡								
21	附属设施	防撞设施								
22		防雷设施								
23		防抛网、声屏障								
24		检修设施								
25		监测系统、永久观测点								
26	调治构造物									
27	其他									

22 桥梁技术状况评定等级		23 全桥清洁状况		24 预防及修复养护状况	
25 记录人		26 负责人		27 下次检查时间	

附录 D　桥梁经常检查记录表

表 D　桥梁经常检查记录表

公路管理机构名称：					
1　路线编号		2　路线名称		3　桥位桩号	
4　桥梁编号		5　桥梁名称		6　养护单位	
7　检查项目	缺损类型		缺损范围	处治建议	
8　主梁					
9　主拱圈					
10　拱上建筑					
11　桥(索)塔(含索鞍)					
12　主缆					
13　斜拉索					
14　吊杆					
15　系杆					
16　桥面铺装					
17　伸缩缝					
18　人行道、路缘					
19　栏杆、护栏					
20　标志、标线					
21　排水系统					
22　照明系统					
23　桥台及基础(含冲刷)					
24　桥墩及基础(含冲刷)					
25　锚碇(含散索鞍、锚杆)					
26　支座					
27　翼墙(耳墙、侧墙)					
28　锥坡、护坡					
29　桥路连接处(桥头搭板)					
30　航标、防撞设施					
31　调治构造物					
32　减振装置					
33　其他					
34　负责人		35　记录人		36　检查日期	年　月　日

附录 E　桥梁特殊检查记录表

表 E　桥梁特殊检查记录表

公路管理机构名称：					
1　路线编号		2　路线名称		3　桥位桩号	
4　桥梁编号		5　桥梁名称		6　被跨越道路(通道)名称	
7　桥梁全长(m)		8　上部结构形式		9　最大跨径(m)	
10　管养单位		11　建成时间		12　上次检测时间	
13　上次特殊检查项目					
14　本次特殊检查时间(年　月　日)			15　检查时的气候及环境温度		
16　本次特殊检查类型	(承载力检测、水下检测、抗灾能力检测、灾后检测、耐久性检测等)				
检测项目	检测结果				
(可根据需要自行增加行数)					
评定结论					
记录人			负责人		
特殊检查完成机构					

附录 F 涵洞经常检查记录表

表 F 涵洞经常检查记录表

1 路线编号		2 路线名称		3 行政区划	
4 中心桩号		5 涵洞类型		6 养护单位	
7 部件编号	缺损类型	缺损范围		保养措施意见	
8 盖板					
9 涵台					
10 圆管涵涵身					
11 箱涵涵身					
12 八字墙					
13 一字墙					
14 截水墙					
15 边沟					
16 涵底铺砌					
17 涵附近填土					
18 标志、照明					
19 其他					
备注：					
负责人		记录人		检查日期	

附录 G　涵洞基本状况卡片

表 G　涵洞基本状况卡片

A　公路管理机构名称：					
1　路线编号		2　路线名称		3　路线等级	
4　中心桩号		5　功能类型		6　结构形式	
7　设计荷载		8　管养单位		9　建成时间	

B　结构技术数据					
10　涵身长度（m）		11　孔径（m）		12　净高（m）	
13　进口形式		14　出口形式		15　基础形式	
16　涵底纵坡		17　涵底铺砌		18　填土高度（m）	
19　路面宽度（m）		20　路基宽度（m）		21　路面类型	

C　档案资料（全、不全或无）							
22　设计图纸		23　设计文件		24　施工文件		25　竣工图纸	
26　验收文件		27　经常检查资料		28　定期检查资料		29　历次维修、加固资料	
30　其他档案		31　档案形式	（纸质、电子文件）	32　建档时间			

D　检测评定历史				
33　评定时间	34　检测类别	35　涵洞部件技术状况统计结果/特殊检查结论	36　处治对策	37　下次检测时间

（涵洞基本状况卡片正页）

续表G

E 建设及维修记录											
38 施工日期		39 修建类别	40 修建原因	41 工程范围	42 工程费用（万元）	43 经费来源	44 质量评定	45 建设单位	46 设计单位	47 监理单位	48 施工单位
开工	竣工										

F 需要说明的其他事项：

G 涵洞照片	
（上游侧照片）	（下游侧照片）

49 桥梁养护工程师		50 填卡人		51 填卡日期	年 月 日

（涵洞基本状况卡片背页）

附录 H 涵洞定期检查记录表

表 H 涵洞定期检查记录表

<table>
<tr><td colspan="12">公路管理机构名称:</td></tr>
<tr><td colspan="2">1 路线编号</td><td colspan="2"></td><td>2 路线名称</td><td colspan="2"></td><td>3 涵洞桩号</td><td></td><td>4 涵洞编号</td><td></td><td>5 涵洞名称</td></tr>
<tr><td colspan="2">6 涵洞类型</td><td colspan="2"></td><td>7 涵洞长(m)</td><td colspan="2"></td><td>8 管养单位</td><td></td><td>9 建成时间(改建时间)</td><td></td><td>10 检查时间</td></tr>
<tr><td rowspan="2">部件名称</td><td rowspan="2" colspan="2">构件名称</td><td rowspan="2">构件数量</td><td rowspan="2">构件编号</td><td colspan="4">缺陷</td><td rowspan="2">照片</td><td rowspan="2">技术状况</td><td rowspan="2">备注</td></tr>
<tr><td>类型</td><td>位置</td><td>范围</td><td>示意图</td></tr>
<tr><td rowspan="8">Ⅰ洞身</td><td rowspan="2">1</td><td rowspan="2">盖板</td><td rowspan="2"></td><td>Ⅰ-1-1</td><td></td><td></td><td></td><td></td><td></td><td></td><td rowspan="2"></td></tr>
<tr><td>…</td><td></td><td></td><td></td><td></td><td></td><td></td></tr>
<tr><td rowspan="2">2</td><td rowspan="2">涵台</td><td rowspan="2"></td><td>Ⅰ-2-1</td><td></td><td></td><td></td><td></td><td></td><td></td><td rowspan="2"></td></tr>
<tr><td>Ⅰ-2-2</td><td></td><td></td><td></td><td></td><td></td><td></td></tr>
<tr><td rowspan="2">3</td><td rowspan="2">圆管涵涵身</td><td rowspan="2"></td><td>Ⅰ-3-1</td><td></td><td></td><td></td><td></td><td></td><td></td><td rowspan="2"></td></tr>
<tr><td>…</td><td></td><td></td><td></td><td></td><td></td><td></td></tr>
<tr><td rowspan="2">4</td><td rowspan="2">箱涵涵身</td><td rowspan="2"></td><td>Ⅰ-4-1</td><td></td><td></td><td></td><td></td><td></td><td></td><td rowspan="2"></td></tr>
<tr><td>…</td><td></td><td></td><td></td><td></td><td></td><td></td></tr>
</table>

续表 H

部件名称		构件名称	构件数量	构件编号	缺陷				照片	技术状况	备注
					类型	位置	范围	示意图			
Ⅱ洞口	1	八字墙		Ⅱ-1-1							
				…							
	2	一字墙		Ⅱ-2-1							
				…							
Ⅲ进、出水口	1	截水墙		Ⅲ-1-1							
	2	边沟		Ⅲ-2-1							
	…	…		…							
过水能力											
检测						记录			桥梁工程师		

本规范用词用语说明

1 本规范执行严格程度的用词,采用下列写法:

1)表示很严格,非这样做不可的用词,正面词采用“必须”,反面词采用“严禁”;

2)表示严格,在正常情况下均应这样做的用词,正面词采用“应”,反面词采用“不应”或“不得”;

3)表示允许稍有选择,在条件许可时首先应这样做的用词,正面词采用“宜”,反面词采用“不宜”;

4)表示有选择,在一定条件下可以这样做的用词,采用“可”。

2 引用标准的用语采用下列写法:

1)在标准总则中表述与相关标准的关系时,采用“除应符合本规范的规定外,尚应符合国家和行业现行有关标准的规定”。

2)在标准条文及其他规定中,当引用的标准为国家标准和行业标准时,表述为“应符合《××××××》(×××)的有关规定”。

3)当引用本标准中的其他规定时,表述为“应符合本规范第×章的有关规定”、“应符合本规范第×.×节的有关规定”、“应符合本规范第×.×.×条的有关规定”或“应按本规范第×.×.×条的有关规定执行”。

附件

《公路桥涵养护规范》

（JTG 5120—2021）

条 文 说 明

1 总则

1.0.1 本规范属于强制性规范,规定了公路桥涵养护的基本要求。

1.0.2 本条规定了本规范的适用范围。“等级公路”指的是技术条件和设施符合《公路工程技术标准》(JTG B01—2014)的公路。本规范适用于农村公路中的等级公路上的桥涵,非等级公路上的桥涵可参照使用。特殊桥梁是对养护技术有较高要求,且养护管理工作内容较一般桥梁复杂,有一定特殊性的桥梁。如特大型的跨江、跨海、跨峡谷桥梁、新型桥梁等。本规范没有包含所有特殊桥梁,有特殊养护需求的桥梁按本规范的原则,制定专项养护规程。

1.0.3 本条从七个方面规定了桥涵养护工作的主要内容,是从当前桥梁养护工作实际归纳出来的,并与交通运输部颁发的《公路桥梁养护管理工作制度》《关于进一步加强公路桥梁养护管理的若干意见》《公路养护工程管理办法》《公路长大桥隧养护管理和安全运行若干规定》《关于进一步提升公路桥梁安全耐久水平的意见》的要求一致。

桥涵构造物安全运行管理,包括桥梁安全保护区管理,及时制止并配合相关部门查处各种侵占、损害桥涵构造物及附属设施的行为;根据交通管理情况及相关技术标准、规范,及时调整、完善机电、交通标志、标线、防撞、助航等设施;根据本规范第6章的要求,对超重车辆过桥采取管理措施;禁止利用桥涵堆放物品、搭建设施以及铺设高压电线和输送易燃、易爆或者其他有毒有害气体、液体的管道,并根据相关规定对过桥管线铺设采取管理措施;建立健全风险管理和隐患排查工作制度,编制风险辨识手册,建立风险动态监控机制,定期开展隐患排查工作等。

1.0.4 本条从七个方面规定了养护工作的基本要求,并强调了推广科学、先进的养护管理,开展预防养护,鼓励采用先进的自动化检查设备如无人机、机器人、高分辨成像设备等进行桥梁检查;重视资源节约及环境保护。

1.0.5 本条根据交通运输部《公路养护工程管理办法》(交公路发〔2018〕33号)的养护工程分类标准将公路桥涵养护工程分为预防养护、修复养护、专项养护和应急养护四个类别。

2 术语

本章仅将本规范出现的、需要明确定义的术语列出,有关桥梁专业性的通用术语,大家都比较熟悉,没有编入。

本次修订删除了相关已经定义的常用术语,如原规范中主桥、引桥、上部结构等通用术语;补充了本规范涉及的检查类型的专用术语,如初始检查、日常巡查、特殊检查等,以及养护工程的专用术语,如预防养护、修复养护、专项养护、应急养护等。

3 桥梁检查、监测与评定

3.1 一般规定

3.1.1 因桥梁规模、技术状况、运营环境及所处公路等级的不同,各级公路桥梁的养护需求和养护资源亦有所不同。对桥梁检查等级进行分级,细化桥梁的养护要求,适应不同的养护需求,实行差异化的养护检查频率,起到合理配置养护资源的作用。本规范借鉴的现行《城市桥梁养护技术标准》(CJJ 99)及部分城市的桥梁养护地方标准,是根据城市桥梁在道路系统中的地位,遵循"保证重点,养好一般,区别对待"的原则,将城市桥梁养护等级分为Ⅰ等、Ⅱ等、Ⅲ等,根据等级遵循不同巡检周期和养护技术要求。本规范养护检查等级的提出主要用于指导桥梁养护资源的投入,指导桥梁检查、检测周期等养护工作安排。

3.1.2 桥梁检查在原规范检查类型的基础上,增加了初始检查和日常巡查。

初始检查是桥梁建成或改造后的首次检查,反映桥梁的初始技术状态,作为日后各项检查与评定的基准,是桥梁养护工作的基础。原规范第3.3.1条规定"新建桥梁交付使用一年后,进行第一次全面检查",已明确提出了第一次检查的时间要求,但未对检查内容作具体规定。本次修订,结合国内桥梁养护现状与需求,和国外桥梁检查类型的调研成果,在桥梁检查类型中增加初始检查,并作出具体的要求。

日常巡查在《公路养护技术规范》(JTG H10—2009)第5.1.3条已明确规定:"应加强桥涵的日常巡查。桥涵日常巡查是桥涵日常工作的重要内容之一,应予以充分重视,发现隐患或病害应及时处治。"目前很多公路桥梁管养单位已将日常巡查纳入长大桥梁、重要桥梁的养护工作中,取得了良好的效果;同时近年来桥梁遭受自然灾害、车船撞击等突发情况而破坏的事件时有发生,增加桥梁日常巡查是非常必要的。

3.2 初始检查

3.2.1 初始检查的目的是采集桥梁的基础状态数据,建立桥梁技术档案,作为后期经常检查、定期检查、特殊检查及桥梁评定的基准。通过初始检查,可以确定桥梁各构件的基础技术状况,便于对后期发现的桥梁缺陷和病害作对比分析,确定病害或缺陷成因及发展程度,为进一步开展桥梁养护工作提供依据。

初始检查需要尽早进行,以确保如实反映桥梁的初始技术状况。宜与交工验收同时进行,是为了避免一些参数重复检查或漏检。交工验收是以抽检的形式按现行《公路工程质量检验评定标准　第一册　土建工程》(JTG F80/1)对桥梁工程质量进行检测评定;初始检查是全面检查,按本规范要求的内容和现行《公路桥梁技术状况评定标准》(JTG/T H21)进行检查评定;交工验收检测不能替代初始检查,初始检查可以沿用交工验收检测报告里已经包含的参数数据,避免重复检测,节约养护费用。

3.2.2　初始检查内容中包含桥梁总体尺寸、主要承重构件尺寸、材质强度、钢筋保护层厚度等检测内容,在桥梁没有明显腐蚀、锈蚀、损伤或经历改造的情况下,上述参数不会发生能影响结构评定的变化,因此在后期的定期检查和特殊检查中可以直接沿用上述参数在初始检查时得到的数据,避免检查工作的重复,节约养护资源。

水下基础检测需要对基础及河底铺砌的缺损情况进行详细检测,一般通过相关辅助手段(水下摄像机、水下腐蚀电位测量仪等)进行检测,了解构件的损伤、损坏情况;水流速和能见度符合要求时,也采用人工潜水检测。在国外,有用侧向超声波测位仪来检测桥梁水下部分的桥墩、基础冲刷,填石或石笼的范围、移动情况等实例,也有采用贯入地面雷达检测桥台外形及其稳定性的实例。

3.2.3　现场填写桥梁基本信息、检查记录表(附录A、B、C)和技术状况评定表。通过初始检查,建立桥梁初始技术档案,确定桥梁技术状况,标示桥梁已存在缺陷和损伤,提出养护建议。

3.3　日常巡查

3.3.1　日常巡查为本次规范修订新增检查项目,检查频率根据桥梁养护检查等级和技术状况确定。日常巡查的目的是及时获知桥梁结构运营是否正常,使桥梁结构在病害初期或突发情况下能得到及时的养护或紧急处治。日常巡查可以由管养单位专业技术人员组织实施。

3.3.2　日常巡查可采用桥梁信息管理系统或人工制定当日巡查桥梁名录及巡查路线,巡检过程发现明显缺损和异常,立即向主管部门报告,必要时采取交通管制措施。每次巡查结束后将巡检记录及时归档。日常巡查的记录表格可以根据桥梁结构形式、桥位处环境、交通特点等因素,由桥梁管养单位的信息管理系统或人工制定。

3.3.3　日常巡查内容主要包括桥面及以上部分的桥梁构件及桥梁结构异常变位情况的目测检查,关注桥梁自身情况的同时也应注意桥梁使用环境是否存在异常。

当主梁或下部结构发生异常的横桥向变形或变位时,伸缩缝处的护栏、栏杆、标线等会有明显的错位、错台等情况出现,日常巡查时需要重视。

3.4 经常检查

3.4.1 原规范对经常检查规定为“每月不少于一次”，《公路养护技术规范》(JTG H10—2009)中，对经常检查频率要求为“每季度不少于一次”。本次修订，在原规范的基础上，根据桥涵养护检查等级不同，结合桥梁技术状况，为适应不同的养护需求，采取差异化的检查频率，起到合理配备养护资源的作用。

多数桥梁需借助桥梁检测车或临时支架才能实现对支座的抵近检查，1个月检查1次支座，在养护实践中操作困难，较难实现。为合理分配养护资源，保证养护成效，本次修订，在调研和广泛征求桥梁管养单位意见的基础上，将对支座的经常检查频率调整为每季度不少于1次。

3.4.2 经常检查主要采用目测方法，并辅以简单设备(如望远镜、照相机、摄像机，以及扳手、铲子、锉刀等常用工具)来进行检查和记录。

现场填写“桥梁经常检查记录表”是及时、准确收集信息的重要保证，填写要求准确无误，不能漏填，不允许事后回忆补填。

3.4.4 经常检查针对目测所及的所有桥梁构件。对桥梁各个构件进行目测检查并对损伤作出定性判断。检查需要严密有序，避免漏项。

3 检查主梁裂缝是否有发展，重点检查控制截面、重要部位的裂缝是否有发展及发展情况。

4 主缆、斜拉索、吊杆的经常检查需要注重检查护套、密封圈等表面构件是否存在老化、开裂及渗漏水等情况。

6 沥青混凝土铺装缺陷包括龟裂、裂缝、坑槽、松散、沉陷、车辙、波浪拥包、泛油、修补不良、污染等；水泥混凝土铺装缺陷包括板破碎、裂缝、板角裂缝、错台、边角剥落、接缝料损坏、坑洞、拱起、露骨、修补、污染等。

3.5 定期检查

3.5.1 各国对桥梁检查的频率规定不一，美国为24个月进行一次常规检查；丹麦为1~6年一次；英国针对次等桥梁，数月进行一次详细检查；法国每5年对大于120m的桥梁进行详细检测；德国每3年进行一次总体检测；瑞士每5年进行一次间隔性检测；意大利每年进行一次全面彻底的检测；日本每年进行一次A级定期检查，1~5年进行一次B级定期检查。国内《城市桥梁养护技术标准》(CJJ 99—2017)将桥梁定期检测分为常规定期检测和结构定期检测，常规定期检测为每年一次，结构定期检测周期根据养护类别确定。

《交通运输部关于进一步加强公路桥梁养护管理的若干意见》(交公路发〔2013〕321

号)中明确提出"定期检查是确定桥梁技术状况的全面检查,应不少于三年一次,特大、特殊结构和特别重要的桥梁定期检查周期不少于一年一次。"结合该文件要求,本规范修订时在原规范"定期检查周期根据技术状况确定,最长不得超过三年"的基础上,考虑桥梁规模和重要性,增加"养护检查等级为Ⅰ级的桥梁,定期检查周期不得超过1年"的规定。

3.5.2 定期检查和经常检查均有目测,但定期检查需要辅以必要的测量仪器,如望远镜、照相机、探测工具和设备,强调"应接近各部件仔细检查其缺损情况"。定期检查需要创造接近各部件的条件,如使用桥梁检测车、搭设临时支架等。定期检查前要认真查阅有关技术资料、初始检查报告及历次定期检查报告,做好人员、设备等准备,落实安全保障措施。

本条规定了定期检查应完成的五个方面的工作,其中校核、补充完善桥梁卡片、填写桥梁定期检查记录表需在现场及时、准确地完成。判断病害原因及影响范围,结合历次定检报告进行对比分析,以判明病害成因、预测病害发展趋势,为养护建议提供可信、充足、准确的依据。对于难以判断的,提出进一步特殊检查的要求,不盲目下结论。对损坏严重、危及安全运行的桥梁,提出限制交通、维修加固或改造重建的建议。

3.5.3 设永久观测点,是作为位移和变形监测的基准,是评定桥梁结构技术状况的重要指标。对大型桥梁建立永久观测点,定期进行控制检测,是桥梁检查的一项工作,其检测周期可以与定期检查相同,也可以短于定期检查周期。

原规范第3.3.3条主要针对特大型、大型桥梁的控制检测。本次修订,结合交通运输部《公路桥梁养护管理工作制度》(交公路发〔2007〕336号)第二十四条的规定,对需要设置永久观测点的桥梁类型作了明确规定,即单孔跨径60m及以上的桥梁。经调研,"十二五"期间全国各省(自治区、直辖市)的多数桥梁监管及管养单位均贯彻执行《公路桥梁养护管理工作制度》(交公路发〔2007〕336号),对单孔跨径60m及以上的桥梁设置永久观测点已逐渐纳入桥梁的养护工作中,取得了较好的效果。

本条规定在明确了桥梁类型的同时,将长期观测点设置与检测项目进行了补充,增加了主缆线形、拱轴线线形、索塔水平变位等项目。

桥面高程一般按二等工程水准测量要求进行闭合水准测量;墩(台)顶的水平变位或塔顶水平变位,可以采用悬挂垂球法、极坐标法或其他可靠方法进行测量;拱轴线和主缆线形可以采用极坐标法进行平面坐标和三角高程测量。

3.5.5 混凝土梁桥上部结构检测内容是结合桥梁技术状评定指标确定的。在桥梁外观没有明显腐蚀、锈蚀、损伤或经历改造的情况下,钢筋保护层厚度、混凝土强度不会发生能影响结构评定的变化,评定时对这两项参数一般沿用初始检查的检测成果即可。

混凝土梁式桥的检查要点是检查混凝土是否开裂,裂缝发生位置、裂缝形态、裂缝长度及宽度、钢筋锈蚀、预应力(锚头、齿板、钢绞线)状况、跨中挠度、横向联系状况等。服役时间长的混凝土的碳化深度检测,在定期检查中也需重视。

桥面线形及结构变位情况检测，按本规范第 3.5.3 条的规定，对单孔跨径不小于 60m 的桥梁需要在定期检查时对桥面高程（用以判断跨中挠度）和结构变位进行控制检测；单孔跨径小于 60m 的桥梁，检测中若发现结构存在异常变形，需要进行相应的控制检测。

3.5.6 本条前 5 款的检测内容是结合桥梁技术状评定指标确定的。钢结构变形、裂缝、锈蚀及联结件是否正常均属于检测范围。造成构件变形有两种原因：一是机械撞击；二是局部受力过大，如压杆失稳。后一种情况，可能危及整个结构的承载能力，在检测中要注意判别，并及时处治。需要重视铆钉、螺栓等连接件及节点的检测，因为这些部位易损坏，节点处易存积雨水、垃圾造成锈蚀。1994 年韩国汉城圣水桥垮塌事故，其主要原因就是节点破坏。

3　钢箱梁焊缝的检测，因工作量较大，建议定期检查中按一定比例（国外一般为 1% ~3%）抽检，先对焊缝表面涂层进行检测，发现焊缝开裂或怀疑焊缝开裂时，则加大抽检频率，对焊缝进行详细检测。

5　跨中挠度及结构变位情况检测，对单孔跨径不小于 60m 的桥梁需要在定期检查时对桥面高程（用以判断跨中挠度）和结构变位进行控制检测；单孔跨径小于 60m 的桥梁，检测中若发现结构存在异常变形，需要进行相应的控制检测。

6　钢箱梁腹腔是封闭的，湿度过大易引起钢材锈蚀。在一些大型桥梁设有调节环境湿度的装置，其工作状态亦是定期检查的内容。

7　钢-混凝土组合梁桥和混合梁桥的检测综合混凝土梁桥和钢梁桥的检测内容进行，同时需注重钢-混凝土结合面的检查。

3.5.7 本条针对我国公路拱桥常用的结构形式，提出了检测部位及内容要求。中、下承式拱的吊杆检测和系杆拱的系杆检测需要引起重视。由于中、下承式拱桥在我国公路桥梁中服役时间不长，早期设计对吊杆的防护构造处理不尽完善，既不能有效防止水的浸入，又不便进行检测和养护（类似的情况还有斜拉桥的斜拉索及悬索桥的吊杆），出现问题较多。如 2001 年 11 月 7 日，某跨径 240m 的中承式混凝土拱桥，8 根吊杆在横梁相连部位突然断裂，致使 4 片横梁、桥面板及人行道坠落。事后检测发现吊杆钢绞线已严重腐蚀，约 50% 的钢绞线为陈旧性断裂。某下承式钢管混凝土系杆拱桥，使用 5 年后发现主桥出现多种病害，其预应力钢绞线的系杆严重锈蚀，仅在表层即可见到 9 根钢绞线断裂。

2　钢拱桥检测内容与钢梁桥检测内容除拱脚位移外，其余基本相同。

8　吊杆索力变化需通过测量吊杆索力，并将实测值与成桥时及历年检查的索力测量值进行对比，以判断索力变化，这是评价吊杆技术状况的重要手段。检查中发现索体存在防护破损严重、钢丝锈蚀或断丝、锚头锈蚀等缺陷时，需要对有缺陷吊索进行索力测试；当怀疑吊杆内有断丝时，需要采取特殊检查的方式进一步明确。

11　钢管混凝土拱桥的管内混凝土不密实，交竣工验收和初始检查时，均能发现此类病害，并采取相应处治措施。运营过程中，钢管和混凝土吸热、散热速度和变形不一致，在日积月累的温差作用下，钢管与混凝土会产生一定的脱离，该过程相对时间较长。因此对该项指标的检查一般为3～6年检查1次。

3.5.8 本条将原规范斜拉桥检测内容作了调整,结合桥梁技术状评定指标确定。将索塔下部和基础检测内容调整至第3.5.11条“桥梁墩台及基础的检查”中。

2 斜拉索是斜拉桥主要受力构件之一,直接决定斜拉桥的工作状态。索力测试的目的在于将历年检查的实测值进行比较,了解拉索索力变化状况、损伤状况及松弛情况。索力测试一般采取抽检方式,选取长、短、中三种类型拉索进行测试,并在3年内覆盖全部拉索;检查中发现拉索存在防护破损严重、钢丝锈蚀或断丝、锚头锈蚀等缺陷时,需要对有缺陷拉索进行索力测试。

7 桥梁根据桥位风环境、桥型、跨径等因素确定合适的结构体系及构件气动外形,必要时会增设气动措施、附加阻尼措施,以改善或提高结构抗风性能。构件气动外形是为满足抗风性能的设计构件外形;气动设施包括附加导流板、抑流板、中央稳定板、风嘴、分流板、气动翼板、气动格栅、风鳍板等;风障是安装在主梁上降低桥面侧向风速影响以提高桥面行车安全性和舒适性的结构。

检查时,应注意主梁、主塔、斜拉索的外形是否与设计一致,外形上有无改变;设置有气动设施及风障的,气动设施和风障是否完好。钢主梁的检修车轨道、桥面风障、护栏、栏杆等附属设施的形状和位置也是根据抗风性能要求而设定,对主梁气动性能有较大影响,不能随意改变。考虑风对行车安全的影响,抗风设计会选择合适的护栏形式来保障风致行车安全,因此,需注意桥梁护栏形式有无改变,护栏周边有无临时设施阻挡等。

3.5.9 本条将原规范中悬索桥检测内容作了调整,将索塔下部和基础检测内容调整至第3.5.11条“桥梁墩台及基础的检查”中。

2 对于主缆和吊杆(所有拉索类桥梁均类似),注重构件的表观检测,若表面护套完好,无渗水等现象,主缆和吊杆内部一般不易发生锈蚀等病害;若发现表观存在缺陷,需要根据缺损程度,决定是否对内部索体采取进一步检测。

主缆表面有破损、渗水痕迹或有锈水渗出,以及怀疑主缆内部断丝时,需开窗检查主缆内部索股。

3 吊索索力测试一般采取抽检方式,选取长、短、中三种类型吊索进行测试,并在3年内覆盖全部索;检查中发现索体存在防护破损严重、钢丝锈蚀或断丝、锚头锈蚀等缺陷时,需要对有缺陷吊索进行索力测试。

5 索夹螺栓紧固力测试,初始检查时全部测试;定期检查时根据实际情况进行抽检,根据桥梁规模和技术状况在3～6年覆盖全部索夹。

10 桥梁根据桥位风环境、桥型、跨径等因素确定合适的结构体系及构件气动外形,必要时会增设气动措施、附加阻尼措施,以改善或提高结构抗风性能。构件气动外形是为满足抗风性能的设计构件外形;气动设施包括附加导流板、抑流板、中央稳定板、风嘴、分流板、气动翼板、气动格栅、风鳍板等;风障是安装在主梁上降低桥面侧向风速影响以提高桥面行车安全性和舒适性的结构。

检查时，应注意加劲梁、索塔、主缆、吊杆的外形是否与设计一致，外形上有无改变；设置有气动设施及风障的，气动设施和风障是否完好。钢主梁的检修车轨道、桥面风障、护栏、栏杆等附属设施的形状和位置也是根据抗风性能要求而设定，对主梁气动性能有较大影响，不能随意改变。考虑风对行车安全的影响，抗风设计会选择合适的护栏形式来保障风致行车安全，因此，需注意桥梁护栏形式有无改变，护栏周边有无临时设施阻挡等。

3.5.10 支座是容易损坏的构件，在日常检查中很难对其进行目测检查，因此在定期检查中要作为重点检测的构件。支座采用的材料类型较多，有橡胶、四氟乙烯、钢筋混凝土、钢等。其中橡胶等高分子材料寿命较短，定期检查时要注意其老化问题。支座的工作状态是否正常，如活动支座是否灵活、位移量是否正常等是定期检查的内容。悬索桥、斜拉桥设置的限位功能的纵向和横向支座，检测时不能遗漏。

3.5.12 本条规定了桥梁既有附属设施检查要求。

1 对养护检修设施检查，包括桥梁检修通道、平台、爬梯是否安全可靠；悬索桥检查主缆检修道、扶手绳和栏杆绳是否完好；主缆出入塔顶、锚碇锚室检修楼梯是否完好；索塔的检查门、工作电梯、爬梯等是否安全可靠，塔内照明是否完好等。

2 桥梁上设置的减振、阻尼、减隔震装置为专业厂家定制产品，定期检查只针对其使用状态和完整性进行表观检查，包括斜拉索与吊杆（索）上的外置阻尼装置、抑振索是否完好，有无缺损、脱落、漏油；主梁（加劲梁）梁端或主梁（加劲梁）与索塔之间设置的阻尼器是否完好，有无锈蚀、缺损、漏油，工作状态是否正常；附加阻尼装置（TMD 等）、减隔震装置是否完好，工作状态是否正常等。

3.5.15 本条规定了桥梁定期检查后提交的文件及要求。

定期检查后，根据桥梁技术状况提出养护工作建议，如提出特殊检查建议，说明检查的项目及理由；进行大中修、加固或改建的计划，说明维修目的、拟采用的维修方案、预估费用和建议实施时间等。

3.6 特殊检查

3.6.1 本条规定了特殊检查的适用条件。

3 近年来，由水下基础缺陷造成的桥梁事故频繁出现。本次规范修订时，对水下检测做了相关调研，基本现状是：多数桥梁运营期间未做过水下基础检查；水下基础存在冲刷、倾斜、下沉、桩基础径缩、开裂、钢筋锈蚀现象；重载交通及受环境条件和桥梁施工阶段留下隐患影响威胁桥梁安全；广东省、湖南省、浙江省等部分省份积极开展了水下基础检查，并编制了相关地方标准以规范水下检查工作。鉴于水下检测对桥梁养护的重要性和迫切性，本次修订将水下检测纳入特殊检查的内容中。

水下检测一般根据水文环境、地质环境、基础形式和桥梁表现出的病害特征来决定具体的检测项目、频率及内容。水下检测的频率通常为3～5年1次，若桥梁所处环境存在加快基础技术状况恶化的情况，如河床不稳定、冲刷加速、基础埋深浅、水质腐蚀强、所处河段有采砂等，则需要提高检测频率。

通常在下列情况开展水下检测：

（1）经常检查、定期检查中发现桥梁基础有异常，但由于水深不能详细检查时。

（2）水中基础处于腐蚀环境中。

（3）位于山区季节性河流中的桥梁，冲刷严重可能造成基础埋深不足时。

（4）经分析桥梁现有病害可能由于基础受损引起时。

（5）旧桥在进行改造方案设计前，需要了解水下基础状况时。

（6）桥梁墩台受到洪水、泥石流冲击或船只、大的漂浮物撞击受损后。

3.6.3 本条强调了特殊检查前进行的资料准备。设计资料包含设计文件、计算所用的程序、方法及计算结果等。原始资料如有不全或存疑，需要根据实际情况现场测绘构造尺寸，测试构件材料组成及性能，勘察水文地质情况等。

3.6.4 桥梁结构、构件缺损状况方法鉴定，根据鉴定要求和缺损的类型、位置，选择表观测量、无损检测和局部取样等有效、可靠的方法。需要取样测试时，试样在有代表性构件的次要部位获取。

桥梁抗灾能力评定，一般采取现场检测与验算的方法，特别重要的桥梁通常进行模拟试验。

3.7 结构监测

桥梁结构健康监测是通过对桥梁结构状态和各类外部荷载作用下的响应情况进行监测，及时掌握桥梁的结构运行状况；需要定期将监测结果与检查结果进行比对和分析，提出监测评估报告，不断完善评估体系。

3.8 桥梁评定

3.8.1 现行《公路桥梁技术状况评定标准》（JTG/T H21）对桥梁技术状况的评定方法和评定标准作了详细规定。为避免与其冲突，本次修订取消了原规范中一般评定的相关内容，仅保留1～5类桥梁的等级划分和状态描述。

3.8.2 1～5类桥梁的状态和技术状况描述基本是对原规范的沿用，其中将“重要部件”按现行《公路桥梁技术状况评定标准》（JTG/T H21）修改为“主要部件”。各种桥型的主要部件见现行《公路桥梁技术状况评定标准》（JTG/T H21）的相关条文。

结构受力裂缝是指结构因受力而产生的裂缝，此类裂缝的宽度和发展趋势是判定构件和结构技术状态的重要指标。桥梁设计时,在正常使用极限状态下有验算裂缝宽度的限值规定,当处于运营状态的桥梁出现超出设计限值的结构受力裂缝时,说明桥梁的技术状况已经不符合设计标准。因设计标准不同,裂缝限值有所不同,需根据设计标准的限值来评判裂缝宽度是否超限。当建成年代久远,无设计标准依据时,裂缝限值一般根据现行《公路桥梁承载能力检测评定规程》(JTG/T J21)的规定执行。

3.8.3 为了与现行《公路养护工程管理办法》相适应,本次修订将 1 ~5 类桥梁的养护对策进行了调整。

针对 1 类桥的养护对策,除正常保养外,增加了预防养护对策。《公路养护工程管理办法》第十二条规定:“修复养护是指公路出现明显病害或部分丧失服务功能,为恢复技术状况而进行的功能性、结构性修复或定期更换,包括大修、中修、小修。”与该条保持一致,针对 2 类桥养护对策中的修复养护内容为小修,针对 3 类桥养护对策中的修复养护内容为中修,针对 4 类桥养护对策中的修复养护内容为大修。

3.8.5 适应性评定工作的基础和依据是定期检查、特殊检查,是否需要做适应性评定,根据检查结果和桥梁实际养护需求决定。

3 桥梁抗灾害能力评定中重要桥梁的模拟试验,是常见灾害的环境模拟,如桥梁冲刷模型试验及地震、风振模型试验等。

4 公路桥梁耐久性主要是指公路桥梁对其安全性和适用性等性能的保持能力,这种能力保持主要体现在构件材质劣化、环境侵蚀、保护构造和防护措施等方面。结构构件的耐久性及其病害情况大致分为目视可发现和不能发现两大类。其中,目视可发现的外观耐久状态主要分为两种:一是耐久性病害导致的结构构件外观发生明显可视的变化,二是结构构件的有关初始缺陷或防护措施劣化在结构构件外观的表现。通过外观检查,根据其对耐久性的影响程度和外观劣化程度进行外观耐久状态评定。目视不能发现的是结构构件材质和环境侵蚀的潜在变化,反映了结构构件内在的劣化程度,需要通过检测分析才能得出正确的判断。另外,根据外观耐久状态的劣化发展情况可以进一步判断耐久性主要病害类型和劣化程度,并优化耐久性检测内容与方案。

适应性评定一般按整条线路统一安排,通过评定可以得到桥梁适应程度的百分比。按座数求适应性合格率的百分比(合格桥梁座数/整条线路桥梁总座数)或按总桥长求适应性合格率的百分比(合格桥梁总长度/整条线路桥梁总长度),均可以从一定程度上为公路改建决策提供基础资料。由于涉及技术经济问题较多,对整条线路桥梁适应性的评定工作还需深入研究。

4 桥梁养护与维修

4.1 一般规定

4.1.2 桥梁养护中需要重视结构的变形、变位观察,如存在安全隐患,及时向上级主管部门报告。

4.1.8 为减少活载扰动影响,确保养护维修、加固实施的安全和质量,在施工的关键环节,如增大截面、胶体固化、张拉体外预应力钢束等,通常根据工艺、材料要求,实施交通管制。

4.2 桥面系养护与维修

4.2.1 桥面铺装病害处治前,先分析原因。如因长期含水浸泡造成的脱落、拥包,通常在有效改善排水设施后,再进行面层修补;如因装配式梁板横向联系损坏、单梁(板)受力造成,一般先增强横向联系,改善结构支撑等,再进行修补。

水泥混凝土桥面铺装改造的重点在于保证新旧混凝土结合良好。浇筑新混凝土前先清洁作业面,结合面做成凹凸不小于6mm的粗糙面,且一般不采用水灰比大的泵送混凝土。

防水混凝土桥面铺装层抗渗等级一般高于S6,且不低于原设计指标要求。在使用除雪剂的北方地区和酸雨多发地区,防水混凝土的抗渗系数一般不小于0.8。

经调研,冬季结冰区的桥面系的耐久性损伤,主要受冻融循环破坏和除冰盐氯化作用共同影响,其中氯化作用是损伤的主要原因,推荐采用人工、机械等综合除冰措施。

4.2.2 泄水管的首要功能是保证雨、污水及时排出,同时避免排水侵蚀桥梁结构。如排水污染、侵蚀桥梁结构,一般采用调整泄水孔位置或适当接长泄水管。

水环境敏感路段的桥梁排水系统养护需注意避免由于排水不当导致水体的污染。

寒冷地区竖向集水管管口一般距离地面50cm以上。

4.2.4 为便于养护检修时桥梁检测车的逐跨连续作业,增设照明设施时,对有中央分隔带的公路桥梁,一般将灯柱置于中分带;对分离式路基桥梁,则将灯柱置于行车方向左侧。

4.2.5 锚固件是伸缩装置的易损构件,检查中发现缺损需要及时修复。

更换伸缩装置注意预留埋置槽的空间是否合适,减小对主梁端头的干扰。更换伸缩装置时,根据桥址的气温条件,选择伸缩装置的安装温度,并计算接缝的闭口量和开口量,结合桥梁实际情况选择拟采用的伸缩装置的类型和型号;更换伸缩缝,一般选择在春、秋两季进行;伸缩装置的安装宽度根据施工时的温度计算确定,安装放线时间选择在一天中温差变化最小的时间段内。伸缩装置更换时先凿除原锚固区混凝土,并加强锚固钢筋的设置。锚固区混凝土强度需要符合设计要求,当设计无要求时,一般不低于 C40。

4.2.6 桥头搭板损坏及桥头引道出现不均匀沉降,其养护维修需从桥梁与道路两个方面着手。桥头搭板的病害主要是桥头填土沉降造成搭板脱空、断裂或枕梁下沉。搭板损害严重的需要挖开处理路基,重新浇筑搭板。桥头跳车处路面、路基的处理,参照现行《公路沥青路面养护技术规范》(JTG 5142)的有关规定执行。

4.3 梁桥上部结构的养护与维修

4.3.1 本条在原规范基础上对钢筋混凝土梁桥的主要养护与维修内容进行了增补,并提出具体工作要求。

2 钢筋混凝土结构的裂缝一般分为结构裂缝和非结构裂缝,结构裂缝通常包括弯拉裂缝、主拉应力裂缝、剪切裂缝、压屈裂缝等。钢筋混凝土结构的结构裂缝是结构本身受力情况的直接反映,正常情况下,钢筋混凝土梁是允许带裂缝工作的,但当裂缝宽度或分布范围超过一定限值时,会使结构的承载能力及刚度降低,直接影响结构安全,同时对结构的耐久性等造成不利影响,需要及时处治。非结构裂缝,因其对结构耐久性存在不利影响,当其裂缝宽度超过一定限值时,亦需要适时处治。

3 钢筋混凝土梁桥常见的表观缺陷包括蜂窝、麻面、空洞、露筋、剥落、风化及防腐涂层起皮、剥落等,此类病害对结构的美观及耐久性存在一定影响,要视其影响程度和范围适时进行维修处治。

4 多雨(雪)地区,箱梁(板)内积水、渗水,混凝土钙化物析出的现象较为普遍。由于桥面铺装开裂、防水层失效、顶板开裂、梁端封堵不严等原因,水从桥面进入箱梁或空心板腔内,形成积水。腔内积水会增加结构自重,降低结构安全储备,同时对结构耐久性造成不利影响。养护维修时,在梁底适当地增设排水孔可以排出积水,排水孔一般设置在纵坡低的一侧梁底,并避开受力主筋。

5 混凝土箱梁的箱室内、外温度差会产生温差作用效应,温差效应过大会对结构产生不利影响,合理设置通气孔可以有效降低温差效应。

6 早期修建的 T 梁、箱梁桥,其翼缘板底面未设置截水板或滴水槽,雨水顺着护栏外侧流至翼缘板下缘和腹板上,对结构的耐久性及美观造成了不利影响,需要采取截水措施。

8 混凝土梁桥跨中下挠过大与材料、环境、荷载等多方面因素有关,影响桥梁正常使用和结构安全时,需进行特殊检查评估,制定合理可行的处治措施并及时实施。

9　梁体发生异常变位时,会使其受力状态发生改变,影响使用功能和结构安全。发生异常变位多与桥梁约束条件变化、周边环境变化及外荷载影响相关,需进行特殊检查评估,查找原因,制定合理可行的处治措施并及时实施。

4.3.2　本条在原规范基础上对预应力混凝土梁桥的主要养护与维修内容进行了增补,并提出具体工作要求。

2　全预应力或部分预应力混凝土A类构件不允许出现垂直于梁体受力主筋方向的裂缝(多表现为受拉区顶、底板的横向裂缝及腹板斜裂缝)。此类裂缝产生,表明梁体可能存在应力超限或承载能力不足,影响结构安全,需要及时采取加固处治措施。

4　预应力体系的完好、有效是预应力结构发挥其正常使用功能的安全保障。受施工工艺等因素影响,预应力管道压浆不密实、钢束锈蚀的病害较为常见,此类病害具有一定的隐蔽性,需经过特殊检查判定,如发现预应力钢束锈蚀,需要及时处治。

5　体外预应力钢束是通过转向块和锚固块向混凝土梁体施加预应力,除了索体本身,转向块和锚固块对系统的安全也起着关键作用,在养护中需要重视。

6　对于预制节段拼装的预应力混凝土梁桥,随着体外预应力防腐技术及体外预应力设计理论的发展,利用无黏结体外预应力技术建设的预制节段拼装的混凝土桥梁将会越来越多,此类桥梁由于采用工厂化预制,主梁本身通常质量较好,不易产生各类病害,各节段间的接缝是整个结构的薄弱环节,需要重点关注。

4.4　拱桥上部结构的养护与维修

4.4.1　圬工拱桥的维修工作主要是修理拱圈和拱上结构砌体的个别损伤部分,如裂缝、缺陷、局部变形等,以恢复结构的整体作用。

圬工拱桥灰缝内砂浆容易脱落,造成砌缝不密实,砌体结构松散。砌缝内长出杂草等植物情况也较为常见,不但影响结构的美观,还会给结构带来安全隐患,日常养护中发现此类情况要及时进行处理。

圬工砌体表面缺损需要及时采取针对性措施进行养护处理。圬工砌体的边角压碎砌块断裂,干砌石拱桥砌缝张口等,一般用水泥砂浆修补。若个别块体压碎或脱落,需用新的块体填塞更换,更换时保证嵌挤或填塞紧密。砌缝砂浆若发生剥落,通常在凿除后重新用干硬性砂浆或微膨胀砂浆填筑,表面重新勾缝。

4.4.3　1　拱式腹拱的三铰拱多采用平面铰、弧面铰或假铰(拱顶铰),有的将多孔腹拱做成平铰的双铰拱。保持拱铰转动的机动性对保证结构正常受力十分重要。养护时要注意清除嵌入铰缝、变形缝的杂物等。与变形缝对应的栏杆保持可以自由伸缩。

3　多孔连拱拱桥的拱上填料更换时,需要严格根据设计工序进行,并观测相邻孔跨拱圈和墩台的变位。

4 钢筋混凝土拱桥拱上建筑常出现底座梁开裂、盖梁与立柱剪切斜裂缝和弯曲裂缝等，处治时要对底座梁进行受力分析并按底座梁的受力状态进行配筋验算，对可能存在的拱肋变形不均匀、拱上立柱间横向联系偏弱等问题加以处治。

4.4.4 钢拱桥常见病害包括涂装失效、锈蚀、焊缝开裂、疲劳裂纹、冲击变形、失稳等。钢拱桥涂装失效通常出现在拱上构件凹角、焊缝、构件间缝隙等位置，吊杆钢拱桥易出现涂装失效的位置包括吊杆锚固套筒、拱肋锚固区焊缝等部位。

4.4.5 由于钢管混凝土拱桥最重要的承重部分长期暴露在大气之中，为保证该类型桥梁的使用寿命和正常性能，做好对钢构件的防锈防腐工作是十分重要的。

钢管内有空洞或离析时，一般要先清除离析的胶凝材料，然后钻孔注入填充材料再封闭钻孔后涂装防腐。

4.5 钢结构的养护与维修

近年来新建钢桥大多采用栓焊结构，但早期修建仍在运营中的钢桥多是铆接结构，铆接钢桥维修参考相关资料实施。

4.6 斜拉桥上部结构的养护与维修

4.6.1 斜拉索是斜拉桥的养护重点，斜拉索截面较小，处于高应力状态，对腐蚀作用十分敏感，因此养护中保持拉索的防护层有效十分重要。斜拉索养护的重点部位是上、下锚头处、锚头、拉索出口密封处等。斜拉索的锚固系统是容易产生病害的部位，容易积水且检查较困难，该部位受力也复杂。因此，一定要及时清理锚固系统附近的杂物、积水，定期涂刷油漆，保证斜拉索及其锚固系统处于干燥、清洁的环境中，避免出现腐蚀病害。一旦发现病害，在查明并分析原因后，及时采取合理的处治措施。

斜拉索主要有平行钢丝索和钢铰线索两大类，各自有配套的锚具，其防护层也有区别，需结合各自构造特点进行养护维修。

4.6.2 减振装置是用来抑制或避免斜拉索在风雨作用下出现剧烈振动的，故需要保持其正常的工作状态。减振装置如外置阻尼器多为生产厂家提供的定型产品，种类较多，构造和工作机理也有很大的差别，需结合其构造、类型进行养护。当检查发现阻尼器的外观尺寸及位置产生了一定的变形时，需要进行调整，使之恢复到正确安装位置。按生产厂家提供的养护技术要求对阻尼器内的黏性材料进行检查、比较，工作性能不能满足设计要求时，进行更换。

4.6.5 斜拉索索力需要控制在设计规定的合理范围内。索力过大易出现疲劳问题，过小易导致附近索的索力增加。索力的偏差也会导致主梁和索塔的内力变化,易使结构内力分布不合理,因此索力偏差过大时需要进行调索。调索前,对所要调整的斜拉索要进行详细检测,确认索体本身无明显病害,方可调索。如果经过评估,个别索需要更换,则调索和换索工作一般同时进行。更换个别拉索时,需要考虑新旧索的匹配性。

斜拉索断丝可能是锈蚀、应力集中或疲劳造成的,无论是断丝或锈蚀,对斜拉桥的结构安全和耐久性均有重大威胁。斜拉索的截面损失达到一定程度时,应当更换,但不同的文献给出的损失率不同,且差异较大,如2%、5%、10%、20%。考虑到斜拉桥多为重要性桥梁,规定出现锈蚀或断丝后,由专业机构进行专业试验检测,评估后决定是否换索。

在换索过程中一般要观测主梁挠度、塔柱水平位移;观察拉索是否有断丝、滑丝、失效现象;测量拉索索力。在换索过程中拉索索力监测包括以下内容:拉索张拉阶段的索力测量;换索对邻近拉索索力影响的监测;换索过程中缺一根索对邻近拉索索力影响的监测。

换索完成后,一般进行验收测试,包括索力测试、静载试验、动载试验。

4.7 悬索桥上部结构的养护与维修

4.7.1 主缆系统养护重点在保证其免受水分侵入产生锈蚀,满足线形和受力要求,保证其耐久性。防护层、表面涂装或缝隙填料损坏导致雨水或潮气侵入主缆内部,海洋大气下的积尘含有大量盐离子,具有极强的腐蚀性,容易引起主缆锈蚀,养护过程中需要保持防护层和涂装的完好,经常清扫主缆表面的积雪、积灰。定期对吊索锚头、叉耳、销子等构件进行检查,保持清洁无锈蚀。

主缆缠丝及其涂装是主缆的最外层防护,直接承受腐蚀介质的作用,需要特别注意缠丝的养护与维修。如要全部更换主缆缠丝,通常需要边放松边缠丝,或放松一段缠丝一段,不让主缆钢丝在空气中裸露太久。

悬索桥更换主缆的难度大、造价高昂,目前仅有个别悬索桥更换过主缆,如法国的Tancarville桥、多米尼加的Duarte桥等。主缆是悬索桥的重要受力构件,对其进行更换需要经过详细论证和科学决策。对小跨径或有文物价值的重要悬索桥,可以考虑更换主缆。

悬索桥线形变化过大,即挠度变化过大时,通常是结构隐藏着较大问题的征兆,需要会同设计单位和有关专家分析研究,找出原因,提出合适的整治措施。

4.7.2 引起吊杆系统损坏的主要原因是锈蚀,如防护层、表面涂装损坏导致雨水或潮气侵入引起锈蚀等。吊杆的腐蚀将严重影响结构安全。

索夹滑移对吊杆的受力将产生不利影响,需要重视,要使索夹与主缆的夹紧程度保持恒定,并使高强度拉杆的预拉力达到并保持在设计值。

由于恒载改变、温度变化或主缆变细(索夹滑移)等原因,会导致吊杆力变化。而个别吊杆力的变化必然会引起邻近吊杆力的重分配,同时使局部主梁的应力状态发生改变,因此需要及时采取有效措施。

4.8 桥梁下部结构的养护与维修

4.8.1 本条在原规范基础上对桥梁墩台的主要养护与维修内容进行了增补,并提出了具体工作要求。

墩台发生异常变位会改变桥梁结构的受力状态,对结构安全和使用功能造成不利影响。需要进行特殊检查评估,查找变位成因,采取有针对性的处治措施。

4.9 基础、锚碇的养护与维修

4.9.1 本条在原规范基础上对桥梁基础的主要养护与维修内容进行了增补,并提出了具体要求。

基础承载能力不足,出现超过允许值的沉降时;基础局部被冲空、冲刷严重或基础的病害严重,导致墩台滑移、倾斜时,需要对基础进行加固。简支结构桥墩台基础的容许沉降值和位移值:

(1)墩台均匀总沉降值(不包括施工中的沉降):$20\sqrt{L}$(mm);

(2)相邻墩台总沉降差值(不包括施工中的沉降):$10\sqrt{L}$(mm);

(3)墩台顶面水平位移值:$5\sqrt{L}$(mm)。

注:L 为相邻墩台间最小跨径,以 m 计,跨径小于 25m 时,仍按 25m 计算。

桩、柱式柔性墩台的沉降,以及桩基承台上墩台顶面的水平位移值,视具体情况确定,以保证正常使用为原则。连续梁桥的沉降容许值以设计值为准。

基础冲刷过深或基底局部淘空,一般采取抛填块石、片石、铅丝石笼等防护措施。对跨径小、净空允许、局部防护难以置于一般冲刷线以下的桥梁,一般采取整孔防护;对跨径较大、天然河底下切、河段上一般冲刷较小、护基顶面有可能设置在一般冲刷线以下的桥梁,一般采取局部防护。

4.9.2 锚碇的散索鞍和锚固区附近受力复杂,容易出现裂缝等病害,故需加强这些部位的检查、养护。锚碇及基础出现过大变位、裂缝、渗漏水等病害时,将对主缆的线形、内力等产生影响,对结构的安全不利,故需重视锚碇、基础的养护和维修工作。

4.10 支座的养护与维修

4.10.1 日常养护需保持支座的机动性能和位移功能。防止杂物、垃圾等将支座卡死,防止钢构件锈蚀、橡胶件老化、紧固件松动等;防止因支座养护不当造成桥梁主要受力部件产生附加内力。

板式橡胶支座局部脱空是常见病害,维修时一般现场放样,加工楔形钢板予以填塞,改善支座受力,需注意保持支座底面水平。

4.10.2 支座是桥梁的可换部件,尤其是橡胶支座,因材料老化,其使用寿命远比混凝土、钢材短,除了病害严重及时更换外,需根据各地实际情况,建立定期更换制度。早期使用的油毡垫层支座,在养护更换时,一般更换为其他性能可靠的支座。

更换支座时,需首先分析支座病害产生的原因,并进行相应的处理。

4.11 桥梁附属设施的养护与维修

4.11.1 桥梁设置的航空灯、桥梁助航标志及供电线路、通信线路亦为桥梁防撞保护的重要措施,如有损坏需及时更换或维修。

4.11.5 检修通道是对桥梁构件进行检查、养护、维修的通道,包括主缆检修道、索塔检修道、主梁检修车及轨道、锚碇内外检修道、主梁拱圈检修道等,要保证其安全性。对于长期未使用的检修通道,在使用前需根据安全需要进行严格的检查、养护。

4.12 调治构造物的养护与维修

4.12.1 桥位调治构造物是在桥位及其上、下游附近河段上修建的水工构造物,其作用是调治水流,改善桥位河段水流条件,使桥孔排水、输砂通畅,并减缓水流对桥位附近河床、河岸的冲刷,保证桥梁及桥头引道稳定、安全。导流堤、丁坝、顺坝、格坝和透水坝等调治构造物的功能是引导水流均匀、顺畅地通过桥孔,防止和减少桥位附近河床和河岸的变迁,保证桥梁、桥头引道和河岸的安全与稳定。

导流堤、梨形堤、丁坝或顺坝的边坡受到洪水冲刷和波浪冲击,坡脚发生局部破坏时,一般采取抛填块石和铁丝石笼等措施进行防护。

若调治构造物不足以抗御洪水冲击,需及时进行加固。一般采用植草皮、干砌或浆砌片石、铁丝石笼、抛石等,也采用梢捆、柴排、混凝土或钢筋混凝土板、土工织物等进行加固。加固时,综合考虑水深、流速及波浪冲击等因素。加固的高度,淹没式的加固至坝顶,非淹没式的高于设计洪水位以上至少50cm。

采用抛石和铁丝石笼防护时,抛填要适度,以免减小泄水面积而增大冲刷。抛填块片石时,块片石有良好的级配,并设置临时木溜槽,以控制抛填位置。

河床冲刷严重,危及墩台基础时,一般分别进行下列处治:

(1)水深较浅的,在枯水季节修整墩台基础冲空部分,中、小桥对桥下河床做单层或双层片石铺砌,必要时铺设挑坎防护。

(2)水深较深、施工困难的,采用沉柴排、沉石笼、抛石护基等方法。

(3)对于流速过大或河床纵坡过大、冲刷严重的不通航小河,在下游适当地点修筑拦砂坝。拦砂坝的高度、间距根据河床的高程和纵坡确定,下游坝顶高程一般与上游桥址处河床的高程相等。

4.12.2 洪水前后加强对桥梁及其调治构造物的巡察，处理隐患于未然，并及时清除调治构造物附近的漂浮物，减少其对构造物的撞击，以免影响调治功能的正常发挥，避免其聚集而引起的碍洪。

5 桥梁灾害防治与抢修

5.1 一般规定

5.1.1 危害桥梁的主要灾害有洪水、冰冻、泥石流、地震、积雪、火灾、落石等。

5.1.4 便道、便桥一般就地取材或采用装配式构件,施工方便快捷,并满足承载能力和稳定要求,并设置鲜明的限速、限载、行车道宽度等标志。

5.2 水毁防治与洪水期抢修

5.2.1 桥梁抗洪能力评定根据桥梁实际状况按需进行。如遇设计洪水或超设计洪水,结合水毁调查,于当年进行一次抗洪能力评定;对经常受洪水威胁的山区公路桥梁,一般每年进行一次抗洪能力评定。

5.2.2 汛期的水文观测,尤其是行洪过程的水文观测,对于掌握洪水动态、判断对桥梁的影响十分重要。一般观测只记录当年最高洪水位,对于处于不良状态的河床,或因养护管理的特殊需要,则增加流速、流量、流向等观测项目,并观测河床断面冲刷情况。

水位观测一般采用水尺测读,水尺设置在桥台、桥墩或调治构造物上。未设置水尺的,则用水准仪巡回测量洪水线高程。流速和流向观测一般采用浮标法。

5.2.4 增设和调整各种调治构造物,需引起重视。引起河势变化的因素较多,一般说来,修建桥梁、设置调治构造物都会引起河道水文条件的变化,有的变化可能与原设计的目的不符,因此,调治构造物的设置往往不能一劳永逸,在桥梁的使用过程中,需结合抗洪能力评定工作勤加检查,并采取相应的工程措施。

防撞设施的形式根据流速、水位、漂浮物多少、流量大小等选择,一般采用单桩、群桩或三角护墩等。

5.2.5 加强恶劣天气、汛期的巡查,灾情发生时,及时启动应急预案。当桥梁损坏危及行车安全时,立即封闭交通。

5.3 冰害防治

本节为新增内容。

5.3.1 桥梁冰害包括桥面积冰及桥下河床积冰或流冰对桥梁自身安全、行车安全造成的危害,其中桥面结冰对行车安全危害最大,需要提前做好预防措施和抢修方案,确保桥上行车安全。

桥面积冰在冬季雨雪过后较为常见,涎流冰严重时也可能拥上桥面造成积冰。桥面积冰主要防治措施是既要及时除冰,同时又要撒铺防滑材料,增设警示或预告标志,确保桥面行车安全。

桥梁雪害主要是桥面积雪病害,桥面积雪与桥面结冰往往相伴发生,其防治办法与道路雪害的防治办法基本一致。桥面积雪的防治措施主要是及时清除积雪,通过撒铺防滑材料提高桥面的防滑能力,增设警示或预告标志提醒驾驶员减速慢行,避免交通事故。另外,有关调查资料及研究成果显示,氯盐类融雪剂对桥面混凝土腐蚀严重,并对混凝土抗冻性产生不利影响,在桥梁冬季养护中一般不使用。

5.3.2 对于一般中、小桥梁,由于水源不大,防治冰害的主要方法是通过工程措施,截流或防冻疏流,减少桥下结冰积冰,避免堵塞河道。

5.3.3 对于大江、大河等桥下结冰严重的桥梁,由于气温突变河流解冻可能产生大量流冰(冰凌)。大量冰凌流动可能对桥梁墩、桩柱、台和导流坝产生撞击或挤压,阻塞河道。冰压力及冰凌撞击力有时非常巨大,远远超出设计允许值,需要及时采取爆破等措施减轻其危害。

本条规定了对冰凌进行有效疏导的预防措施,当冰凌大量聚结在桥梁附近,严重威胁桥梁安全时,需要果断实施爆破。

5.3.5 中重冻区山岭公路经常遭受涎流冰危害,涎流冰严重时也可能拥上桥面造成积冰。它悬于边坡,滞于路肩,堵塞桥涵或拥上路面,造成路基、桥涵水毁或桥涵结构损坏,轻则阻碍交通,重则发生事故。实践证明,只要精心设计,加强养护,涎流冰是可以防治的。涎流冰形成的源头是水,因此,需要强调及时排水,尤其是冰结期排水。桥涵结构物容易造成冰拥阻塞,所以设计和养护时要创造更多的畅通条件(如设保温盲沟)。

对沟谷涎流冰通常调查汇水面积、水位及流量等资料。桥涵净跨、净高一般较历年最高涎流冰水位净空加大50cm,并在桥涵进口处设置聚冰坑。

5.4 冻害防治

5.4.1 含有水的岩土,当温度降至负温时,所含水将从液态转变为固态的冰,此时因体积膨胀而产生冻胀力,水还产生胶结力(冰结力)等。伴随着土中水的冻结和融化,会发生一系列冻土现象(冻胀丘、冰锥、冰湖、融冰滑塌、冰胀与融沉等),以及冻结过程水分迁移、冰的析出。这些冻土现象,构成了对工程建筑物稳定性和安全性的威胁,一般称之为冻害。

对多年冻土地区的桥梁结构,冻土融化除使地基承载力、抗剪强度等发生急剧下降外,水分的挤渗排出还会产生融化沉降变形(简称融沉),尤其是不均匀的融沉会造成结构的破坏。

对季节性冻土地区的桥梁结构,土的冻胀作用可使地基产生不均匀冻胀变形、基桩冻拔;对支挡结构物(桥台前、侧墙,挡土墙等)会在墙背产生远大于土压力的水平冻胀力,使桥台产生如八字墙外倾、前墙与侧墙开裂;使轻型桥台台身断裂等。

这些桥梁冻害一般通过优化设计方案予以避免,对于设计考虑不周或后期使用环境发生变化的桥梁,解决病害的根本方法是进行改造。

5.4.2 本条列举了针对桥梁结构因冻融循环作用引起损伤的常用抗冻措施。其中桥梁上部结构冻害防治、桥梁墩台的抗冻措施、桥涵混凝土的抗冻措施以及浆砌砌体工程的抗冻措施为新增内容。

5.4.4 本条对最常见的桥梁扩大基础和桩基础的抗冻胀措施进行了规定,各种抗冻胀措施的核心是减少基础侧面的摩阻力,限制不均匀冻胀发生。其中对桩基承台的抗冻胀防护为新增内容。

1 基侧换土:将基础侧面的冻胀土挖除,换填纯净的粗颗粒不冻胀土,换土厚度一般不小于2.0m或2倍桩径。换填土下是不透水黏土层时,由于冻结时未冻水无通路挤渗排出而降低防冻胀效果,这时可以加深换填深度或采用盲沟加强排水。改善基础侧面光滑程度:将原粗糙的基础侧面改建成表面光滑的侧面,并用工业凡士林、沥青渣油或渣油表面活性剂(一般用铬盐和憎水性脂肪胺)等涂抹基础壁面,也有在侧面铺油毛毡,以减少冻结力。

2 分离式套管法:用于桩基础的防冻,套管一般采用钢或钢筋混凝土制作,为防止套管因土冻胀而被不断拔出,在套管底部加翼缘板。套管与桩之间填以砂石与渣油(或蜡)的混合料。

3 桥梁桩基承台常常因河道摆动、水流冲刷等原因部分或全部暴露在外,冬季极易产生冻胀或不均匀受力,防治办法一是对承台进行加强处理(如增大截面或配筋),使其可以承受额外冻胀力(或不均匀受力)的作用;二是尽量减弱可能产生的冻胀力(如采用分离式套管减少桩基冻胀力或采用扩大基础的防冻胀措施减轻承台受力)。

5.4.5 桥台水平冻害防治主要采取两方面措施:一是提高桥台自身的抵抗水平力能力(包括抗弯能力、抗剪能力及抗倾覆、抗滑动能力);二是减小或消除水平冻胀力的产生。

5.5 泥石流防治

5.5.1 我国的四川、云南和青藏高原东南部山地是泥石流主要发育地区,泥石流呈带状或片状分布。泥石流暴发突然,历时短,冲出的大量固体物质对桥涵等构造物造成堵塞、淤埋、冲刷、撞击等破坏,也淤塞河道,迫使水流改道。在泥石流发生前,根据桥涵所在泥石流区的地质状况及强降雨天气预报,做好泥石流对桥涵影响的评估工作,明确危及桥涵安全的泥石流隐患点。

5.5.2 公路泥石流防治需根据泥石流的特性合理选用单体或有效组合的防治模式。长期受泥石流影响的公路交通干线一般采取改线绕避,无法避绕时,则将路线改在泥石流危害较轻的河岸,或提高路线高程,或在两岸间穿行,以缩小桥梁与泥石流遭遇的范围。

在泥石流或水流含砂石较多河沟上的涵洞,常常发生淤埋而失效,因此,在桥涵养护中,采取增加涵洞跨径或改涵为桥措施,桥孔尽量采用单孔跨越,以减少被泥石流破坏的机会。

泥石流是松散固体物源和水的混合体,泥石流的暴发,需要具备充足的物源和适量的水源,两者缺一不可。

(1)控制“水源”,水石分治。当山沟内堆积有丰富的松散固体物源,而沟谷源头或中上段又具有很好的集中汇水条件时,设置地表截排水明渠、管道等,尽量通过截排水措施从源头上拦截和排除地表水流,尽量减少地表水的入沟量,减少沟内堆积物暴发泥石流的概率和规模,甚至消除泥石流的启动条件。

(2)控制“物源”,注重工程活动对地质环境的影响作用。采取支挡、排水等措施对分布于沟道沿线、源头及两侧的松散堆积体、崩滑体进行治理,避免其转化为泥石流物源,可有效控制大规模泥石流灾害的暴发。

拦挡坝成群建筑,坝间距离按下游回淤的泥沙能对上一道坝起到防冲护基作用为准。拦挡坝有实体坝、格栅坝、铁丝石笼坝等多种形式。停淤场一般设在经过区中、下部的扇面宽阔处,或设在两扇间的低洼处。在物源丰富的泥石流流通区,尽可能采用钢筋混凝土拦挡坝,给先到的洪水留出足够的过流通道,避免洪水的冲刷和坝体被饱水的土石“涨爆”。拦挡坝基础要尽可能进入基岩。

5.5.3 在强降雨期间,冲沟内水量突然减少、沟槽断流、沟水变浑并伴有滚石强烈冲击轰鸣声等现象是泥石流即将暴发的前兆,这些现象是对泥石流隐患点的主要监测内容。

5.5.4 泥石流对桥涵的破坏作用大,为确保人员安全,在泥石流发生时,对受影响的桥涵需要及时封闭交通。

5.6 震害防治

5.6.2 桥梁抗震性能评价,是按确定的抗震设防标准,对既有结构在现有状况下的安全性进行评估,它是桥梁抗震设计和加固的基础。在桥梁震害调查评估中,一般根据桥梁结构、周围地形、地质、水文、地震断裂带等情况,考虑塌方掩埋、巨石砸毁、泥石流堵塞、基础滑塌等地震次生灾害对桥梁的损坏。

结合历次大地震对桥梁的破坏情况,桥梁抗震评价重点关注:

(1)上、下部结构之间连接处支座的损伤、移位、脱空状况;

(2)梁体的平面移位及潜在的落梁风险;

(3)盖梁、垫石、挡块的破损,以及抗震锚栓的失效状况;

(4)大跨径拱桥的端腹拱变形、破坏情况;

(5)墩柱的开裂、偏位状况;

(6)墩、台基础移位及冲刷状况;

(7)河床变化情况;

(8)地基地质状况等。

5.6.5 本条明确要求在震后及时对每座桥涵进行安全隐患排查,并根据排查结果有针对性地进行维修整治。

5.7 火灾防治

5.7.1 桥梁火灾多与易燃易爆危险品运输或桥下堆积物燃烧有关。桥梁及附近可燃物通常包括:桥下及桥位附近上、下游的枯草、树枝、垃圾等可燃堆积物;梁体内及桥墩盖梁、台帽顶可燃堆积物;吊杆、系杆、斜拉索等有橡胶或PE防护层包裹处的易燃物。

5.7.2 高温火焰烧过的混凝土表面用水扑灭火灾时,热的混凝土表面遇水急速冷却,造成混凝土构件内外应力差,会引起混凝土开裂,加重结构损伤。部分可燃物燃烧时不能采用冷水灭火。故灭火方式需要结合火源、火势与结构物的特点合理选择。

火灾后的特殊检查内容包括外观检查、结构受力与耐久性检测评估,必要时现场取样,进行材料性能试验。火灾后混凝土结构加固一般先彻底凿除烧疏松的混凝土,确保修补物与原结构的有效黏结,加固后通常需要根据可燃物性质进行耐久性防护。

5.8 车辆、船舶、漂浮物撞击及山体落石的防治

5.8.1 防止车辆撞击桥梁,一般采取顶升上部结构或下挖被交路的改造措施;如无法改造,则考虑设置限高门架或其他防撞设施。

墩台防撞设施一般选择防护效果好、占用空间小、利于更换、具有柔性消能的防撞装置。

5.8.2 桥梁墩台防船舶撞击保护设施通常按下列形式设置：

(1)将缓冲设施安装在桥墩周围，以缓和船舶冲撞。

(2)沿桥墩周围用混凝土建立人工岛，使船舶在岛上搁浅而停下。

(3)设置缆索拦截船舶，将缆索的端部锚固于水底，缆索和锚之间设置缓冲装置，用来吸收船的动能。采用浮筒使缆索浮于水面，以便拦截船舶。

(4)在桥墩周边设置钢管桩，并通过多层水平系杆将各个钢管桩连成桩群。钢管群桩联合变形而缓冲消能。

(5)在桥墩周围安装钢浮围，利用浮围的变形吸收船的动能，使经过浮围传到桥墩上的力被限制在允许范围内。

5.8.3 落石损伤桥梁损伤处治，为根治病害，减少再次落石的可能，通常与边坡整治一并实施。边坡防护首先分析各类边坡的稳定特性及可能的落石轨迹，因地制宜，采取不同的处治措施。

主动防护主要包括刷方、防护工程、支撑工程等，被动防护主要包括遮挡工程、拦截工程等。

6 超重车辆过桥

6.1 一般规定

6.1.1 超重车辆是指运输不可分离的超重货物时,轴荷和质量超出现行《汽车、挂车及汽车列车外廓尺寸、轴荷及质量限值》(GB 1589)标准的,需采取特定的管理、技术措施才能通过桥梁的特殊车辆。超重车辆过桥的技术措施按本规范要求执行,管理措施按《超限运输车辆行驶公路管理规定》执行,并需要加强超重车辆过桥期间的现场管理。

6.1.2 多轴多轮的运载车辆可以改变桥面的应力状况。超重车辆过桥前,需查找桥梁的竣工文件、设计文件及其他技术档案资料。依据实桥资料对超限荷载进行检算。同时还要对桥梁现状按本规范第3章的要求进行现场调查,并与技术资料进行比较、核实。如无资料或资料不全,则通过访问调查,必要的检测、测试、钻探等手段弄清桥梁的基本情况。基本数据包括各部尺寸、材料性质、内部构造、配筋形式、桥梁病害情况等,能够反映出桥梁当前的实际技术状况。

对特大桥、特殊结构桥梁或特别重要桥梁,为了使桥梁结构在超重车辆过桥时有足够的安全度,一般通过荷载试验,将理论计算与试验测试相结合,对桥梁结构的承载能力进行评判。试验荷载通常不会达到超重车辆的荷载水平,其评判通过外延来确定。

6.2 结构检算及荷载试验

6.2.1 桥梁的技术资料是结构检算的依据,如果桥梁技术状况良好,有完整的设计资料及竣工文件,可以结合现场核对记录,采用上述文件中的数据。如果无资料或资料不全,桥梁有缺损,技术状况较差时,则需进行必要的检查、检测、试验,以获得准确的技术数据。检查内容包括材料性能测试、结构几何尺寸量测、钢筋分布及保护层厚度测试、支承条件调查、桥梁缺损状况调查等。

6.2.2 由于施工质量、使用年限,桥址的地理、地质条件,养护情况等的不同,每座桥梁的实际状况各异,验算时需要考虑旧桥的这一特点。结构计算参数选取时,充分考虑桥梁病害、材料劣化、实测几何参数、支承边界条件变化对桥梁的影响,根据桥梁实际状况对按规范验算的承载力进行折减或提高。对加固后验算,则需要考虑加固后新增部分对桥梁受力体系的影响、加固用材料和原桥材料结合性能、新旧材性差异、附加荷载(温度变化、混凝土收缩、徐变等)影响。

桥梁的计算荷载直接采用超重车辆荷载,超重车辆荷载效应计算方法与标准设计荷载的荷载效应计算方法相同。

6.2.3 荷载模拟试验可以直接了解桥梁在试验荷载作用下的实际工作状态及一些理论上难以计算部位的受力状态,判别桥梁结构的安全承载能力和使用条件,也可以确定一些理论上无法考虑的因素,有助于发现一般性桥梁检查中难以发现的隐蔽病害。虽然模拟荷载试验需要消耗较多的时间和资金,但在检查、检算不能作出判断时,仍需要做荷载试验。一般情况下布置一组与超重车辆荷载效应相近的试验荷载即可满足要求,若需要全面了解桥梁的技术状况,则按需要布置多种工况加载。为保证安全,必须严格分级加载。

6.2.4 对于有试验资料的桥梁,其内力计算时以试验资料为依据。

6.3 超重车辆过桥的技术措施

6.3.3 桥梁的薄弱部位和构件的加固,要经过详细验算。根据需要分别采取更换、补强或加设辅助支撑等措施。

超重车辆过桥前的加固措施需重点满足超重车辆过桥的承载力要求,要安全适用、技术可靠、经济合理,可以兼顾对桥梁既有损伤和提高桥梁耐久性的要求。由于超重车辆过桥的次数很少,采取临时加固措施比较经济、简单,一般优先考虑。若与改善桥梁技术状况或提高荷载等级的改造相结合,采取永久性加固措施可能更为经济合理。

临时加固措施在通行结束后即可拆除。对永久加固措施可能带来的不利影响需要重视,如加固可能使原结构在正常荷载下受力不利;可能压缩河床,增大下部结构阻水面积,改变水流方向等;可能使原结构失去外观特色。这些不利因素在加固设计时都需要充分考虑,尽量避免或消除不利影响,保证安全。

比较超重车辆通过方案时,不限于对桥梁的加固,便道、便桥、绕行也需要在考虑之中。

6.4 超重车辆过桥的技术管理

6.4.1 超重车辆通行前,对桥位处进行巡视检查,及时清除桥下及桥梁两侧的建筑控制区的杂物,防止火灾发生;观测桥位周边有无地质灾害发生可能(如暴雨引发泥石流、滑坡,造成对桥梁的填埋、落石冲击等);桥梁上、下游200m范围内,有挖砂、采石、取土、倾倒废弃物、爆破等危及桥梁安全的活动,需要及时制止。

过桥时间一般选择在交通量较小的时间段,避免交通堵塞。为保证安全,车辆行驶的位置和线路严格按过桥方案执行。

当桥梁跨径较大时,牵引车与挂车可能均作用于某一内力影响线的同符号区域内,使荷载内力过大,在条件许可时,根据验算结果,适当调整牵引车和挂车的行驶距离,使二者的内力不要叠加,或能相互抵消部分内力。

超重车辆过桥时需要密切监测,保证安全通行。发现异常时应急处理要及时准确,按应急预案及时采取退出荷载、应急加固等措施。

6.4.2 本条规定是为了在超重车辆过桥时,对桥梁产生的荷载效应最小,确保安全。

规定车辆沿桥梁中心线行驶是为了尽可能减少桥梁的内力,无偏载发生,使桥梁结构受力均匀。桥梁中心线是指桥梁结构的中心线,不一定是桥面中心线,对于无分隔带的双幅桥梁,车辆是沿一幅桥梁中线行驶,还是沿桥面中线行驶,则通过计算确定。当桥梁加宽或其他原因导致桥梁结构在横向部件上存在质量差异时,根据计算,让超重车辆在指定位置上行驶,使其对桥梁的受力处于相对有利的状态。

要求车辆以低速匀速行驶并禁止在桥上制动、变速、停留,是为了避免动载的冲击作用。

为减少桥梁活载,保证安全行驶,禁止其他车辆和人群荷载与超重车辆同时过桥。过桥时在相关职能部门配合下,进行必要的交通管制和交通疏导。

6.4.3 可能发生灾害时桥梁已处于比较不利或危险状态,超重车辆通过的安全度会降低,除紧急情况外,这种时期一般不组织超重车辆过桥。

6.4.4 超重车辆通行的同时,需要监测桥梁的位移、变形和裂缝扩张等,即时了解超重车辆对桥梁结构的影响,保证安全通行。现场的监测记录和不同桥型的挠度、应力、应变观测资料可以为桥梁运营和同类桥梁的超重车辆过桥提供参考,对科学研究和积累管养经验也是很有益的。

7 涵洞检查、养护与维修

7.1 一般规定

7.1.1 通道属于按结构使用功能划分，部分具有人行、车辆通行功能的涵洞习惯上称为通道；而按照《公路工程技术标准》(JTG B01—2014)和《公路桥涵设计通用规范》(JTG D60—2015)，桥涵结构物无通道具体划分标准。本次修订时，将符合桥梁标准的通道的养护相关内容并入桥梁，将符合涵洞标准的通道的养护相关内容并入涵洞。

本条规定了涵洞养护的基本要求。涵洞的主要功能是排水，部分具有人行、车辆通行功能的涵洞(习惯上称为通道)，需设置限高标志和照明等附属设施来保证人、车通行安全，因此涵洞养护除保证主体结构完好外，还要保持附属设施的完好。涵洞的排水要求顺畅并排放到适当的地方，避免冲毁农田及水利设施。关于是否允许涵洞漏水的问题，视不同地区和涵洞的不同结构可以有不同程度的要求，但总的要求是做好涵洞的防水、排水。

7.1.2 本条规定了涵洞检查和养护工程的分类。

7.1.3 涵洞的开挖维修，通常采用半边施工、半边维持交通的方式进行。通行部分需要有足够单车通行的宽度。也有采用开设便道(便桥)绕行，或就地架设钢梁，在梁下开挖维修的全宽维修方式。不管何种方式都要强调采取必要的措施，保证行车安全及施工安全。

7.2 涵洞检查

7.2.1 原规范规定涵洞经常检查每月至少两次，根据广东、广西、新疆、浙江、吉林、山东、陕西等地近几年养护管理单位反映的情况，由于涵洞数量多，检查工作量大，频率偏高；而《公路养护技术规范》(JTG H10—2009)中规定涵洞经常性检查每季度不少于两次。为保证及时发现涵洞病害的同时，合理分配养护资源，结合涵洞养护检查等级，考虑与桥梁经常检查频率保持一致，方便养护管理单位工作，规定每季度不少于1次；洪水、冰雪前后由养护管理单位根据当地气象情况自行决定检查次数。

涵洞经常检查频率调整后，经常检查记录作为涵洞定期检查、养护维修时的一项重要资料，以制式表格加以统一，本条参考桥梁经常检查记录表，制定了涵洞经常检查记录表。

考虑到部分涵洞(通道)具有人行、车辆通行的功能，涵洞需设置限高标志和照明设施来保证人、车通行安全，因此经常检查内容增加了交通标志等附属构造的检查。

7.2.2 原规范规定涵洞定期检查每年至少进行一次。由于大部分涵洞的主要功能是排水,且涵洞淤塞、进出水口冲刷是常见病害,通过经常检查可以发现并及时维修,基本能保证涵洞功能正常发挥。根据广东、广西、新疆、浙江、吉林、山东、陕西等地近几年养护管理单位反映的情况,由于涵洞数量多,检查工作量大,若对涵洞经常检查中发现的病害及时维修,定期检查时一般很少发现较大缺损或经常检查不易发现的病害。《公路养护技术规范》(JTG H10—2009)中规定涵洞定期检查每2~3年1次。为保证及时发现涵洞病害的同时,合理分配养护资源,结合涵洞养护检查等级,考虑与桥梁定期检查频率保持一致,方便养护管理。

对于高填土涵洞、过水要求高的涵洞等特殊设计或特别重要涵洞,参照桥梁的规定,每年至少进行一次定期检查。对于新建涵洞,包括改建、接长等致使原涵洞结构或技术参数发生较大变化的均纳入新建范畴,按照公路工程交竣工验收的有关规定,交付使用两年内,进行第一次全面定期检查。

本条参照有关桥梁定期检查规定,明确了涵洞定期检查工作内容。同时,参照桥梁卡片,制定了涵洞卡片,作为加强涵洞养护管理、完善涵洞基础档案的一项重要资料。涵洞定期检查除目测外,一般对裂缝宽度、变形等方面的检查需要仪器辅助。

考虑到部分涵洞(通道)具有人行、车辆通行的功能,涵洞要设置限高标志和照明设施来保证人、车安全通行,同经常检查一样,在定期检查内容中增加了交通标志等附属构造的检查。

检查中如果发现有过水能力明显不足,经常造成内涝及路基损毁的涵洞,一般考虑改建。

7.2.3 为了进一步规范涵洞定期检查,本条参照有关桥梁定期检查文件的要求,制定了涵洞定期检查后需提交的资料,作为涵洞技术档案管理的一项重要资料。

7.3 涵洞日常养护

7.3.1 涵洞的日常养护工作大体分为保洁、清淤、堵漏、结构损伤的维修等四部分。涵洞底部铺砌冲刷损坏、进出水口被冲刷淘空,侧墙、基础或管涵基础被冲刷淘空频率较高,这是日常养护的主要工作,需要重视。经常积雪或积雪较深的涵洞,入冬前在洞口外加设栅栏;易发生积冰的涵洞,一般用栅栏封住洞口,融雪时及时拆除。

7.3.3 进出水口如有裂隙,及时填塞;若冲刷、淘空并引起结构变形开裂,重新填实或压注水泥浆或化学浆液;也可以依据材料类型及损伤情况,参照相同材料的桥梁结构进行维修。

7.3.4 钢筋混凝土箱涵是涵洞常用的一种结构,其止水带一般用橡胶或塑料制品,需要具有高弹性、耐磨性、抗撕裂性及耐老化等性质,且与混凝土能可靠黏结。遇水膨胀的止水带具有遇水后体积膨胀的功能，能进一步密封、填充变形造成的缝隙。止水带一旦发现破损，需及时更换。

7.3.6 部分涵洞路面低于两侧路面，需敷设下埋式排水管将路面积水排除或采用机械抽排水。采用机械设备排水的，要做好设备维修工作。据调查这是养护的薄弱环节，养护工人中缺少会维修机械的技术工人是设备失养、失效的重要原因，故实施本条规定时还需解决维修人员的配置或培训问题。

7.3.8 为防止车辆剐蹭涵顶，通行车辆的涵洞需要设置明显的限高标志。当净空小于公路技术等级要求，不符合交通需要时，在标出限高值的同时还要设置绕行通过的指路标志。

7.3.9 波纹管涵洞是近几年快速发展的一种涵洞形式，涵洞过水时夹杂石块、砂砾等，易对波纹管表面防护涂层造成磨损，导致涂层脱落，波纹管锈蚀，发现后要及时维修。

7.4 涵洞维修

7.4.1 涵洞圬工砌体表面出现局部风化、开裂、灰缝剥落，局部砌块松动、脱落，或砌体渗漏水，一般采用下列方法维修：

(1)用水泥砂浆重新勾缝，或局部拆除后重建；

(2)表面抹浆或喷浆，病害有发展趋势且病害面积较大时，一般采用挂网抹面；

(3)在砌体背后压注水泥砂浆或化学浆液；

(4)加设涵内衬砌。

7.4.3 混凝土管涵的接头或铰缝处渗水时，常用干燥麻絮浸透沥青后填实，或用其他黏弹性材料封堵，一般不采用灰浆抹缝。

7.4.4 涵洞渗漏水一般采用注浆堵漏，或采用其他可靠的堵漏方法。

7.4.5 涵洞进、出水口处冲刷严重时，常用的维修方法有：

(1)位于陡坡上的涵洞或直接受水流冲击的涵洞，其入口处采取适当的防护措施。

(2)用浆砌块石铺底，并加水泥砂浆勾缝。铺砌长度视土质和流速而定，铺砌的末端一般设置混凝土或浆砌块石截水墙。

(3)流速特别大的涵洞，在出水口加设缓流设施，如消力槛、消力池等。消力槛的末端设置混凝土或浆砌块石截水墙，或设置三级挑槛。

7.4.8 涵洞地基加固包括严重冲刷的加固及地基沉降变形的处理。冲刷严重时需要增设防冲、减冲结构,也可以与沟、渠的疏导整治结合进行。地基的加固方法多采用换填夯实等费用较少的方法。采用较昂贵的处理方法时,需要与拆除重建进行技术经济比较。

局部损坏或承载能力不足的涵洞一般采用下列方法进行加固或改造:

(1)挖开填土,用混凝土或钢筋混凝土加大原涵洞断面。

(2)涵内用混凝土或钢筋混凝土衬砌进行加固。

(3)挖开填土,用新构件分段进行更换改建。

在涵内加大结构截面时,需注意减少过水断面造成的影响,不致引起过大壅水或造成其他病害。更换新结构或改设、增设涵洞,一般均采用分段施工的方法维持交通,并注意施工、行车安全,设置相应的标志、护栏等,必要时安排值守人员指挥交通,维护安全。

8 技术管理

8.1 一般规定

8.1.1 为了做好桥涵养护技术管理工作,加强对公路桥涵技术管理工作的监督,需要结合本地区特点制定具体的实施办法,制定相关规定和制度。

8.2 技术档案管理

8.2.1 公路桥梁技术档案资料包括的具体内容与交通运输部印发的《公路桥梁养护管理工作制度》中技术档案管理要求的资料内容一致。

桥梁基础资料包括以下内容:

(1)桥梁设计施工图及竣工图,结构计算分析报告。

(2)施工过程中的试验检测及科研资料。

(3)工程事故处理资料。

(4)施工全过程的结构位移或变形测试资料。

(5)观测或监测点(部件)资料。

(6)交(竣)工验收资料。

桥梁管理资料包括桥梁管养单位、监管单位,及其分管领导、桥梁养护工程师等的基本资料。

桥梁检查资料包括桥梁经常检查结果、定期检查结果、养护对策建议、特殊检查建议报告、养护建议计划等技术资料,以及检查的时间、实施人员等基本资料。特殊检查资料包括检测(试验)方案、检测(试验)报告、照片及多媒体材料,检测(试验)方的资质证书(复印件)、业绩证明(复印件)及主要检测人员的资格证书(复印件)等。

桥梁养护维修资料包括以下内容:

(1)小修保养工程的实施技术资料和养护质量评定结果,以及工程实施的时间、组织实施人员等。

(2)桥梁的中修、大修、改建工程的设计图纸、竣工图纸、施工资料、监理资料、监控(监测)资料、质量事故处理报告、交(竣)工验收等技术资料,以及设计、施工、监理和监控(监测)等各方的资质证书(复印件)、业绩证明(复印件)及主要检测人员的资格证书(复印件)等。

桥梁特殊情况资料主要包括地质灾害、气象灾害、超限运输等特殊事件的具体情况、损害程度、处治方案等。

8.3 数据库管理

8.3.1 桥涵数据库在桥涵投入使用时建立。对于正在服役的桥梁,则以桥涵竣工文件为基础,并结合现状调查来进行完善或新建数据库。

8.3.5 对于桥涵数据的采集和管理工作,需要结合本地区的实际情况,编制详细的桥涵数据采集技术规程,指导桥涵数据采集工作。

8.4 信息化管理

8.4.4 桥涵养护部门定期组织对桥涵状况的调查分析,正确评价和掌握桥涵的技术状况,通过对桥涵病害成因、机理和变化规律进行动态分析研究,结合历史数据分析,对桥涵安全与运营状况作出科学预测,为桥涵养护决策提供科学依据。